Diese Reihe bringt es auf den Punkt: menschliche Fähigkeiten und soziale Kompetenzen, ohne die Karriere weder Spaß macht noch gelingt. Die Bücher geben anschaulich und leicht verständlich viele praktische Tipps und sind von Profis geschrieben, die Führungskräfte und Manager trainieren.

Bisher „... auf den Punkt gebracht" wurden:

Effizientes Zeitmanagement
ISBN 978-3-8276-8212-3

Erfolgreiche Kommunikation
ISBN 978-3-8276-8213-0

Perfekte Präsentation
ISBN 978-3-8276-8211-6

Optimales Selbstmanagement
ISBN 978-3-8276-8215-4

Modernes Projektmanagement
ISBN 978-3-8276-8214-7

Gerda Süß

Modernes Projektmanagement

Bibliografische Information Der Deutschen Bibliothek
Die Deutsche Bibliothek verzeichnet diese Publikation in der Deutschen Nationalbibliografie; detaillierte bibliografische Daten sind im Internet über http://dnb.ddb.de abrufbar.

Wichtiger Hinweis
Die WEKA MEDIA GmbH & Co. KG ist bemüht, ihre Produkte jeweils nach neuesten Erkenntnissen zu erstellen. Deren Richtigkeit sowie inhaltliche und technische Fehlerfreiheit werden ausdrücklich nicht zugesichert. Die WEKA MEDIA GmbH & Co. KG gibt auch keine Zusicherung für die Anwendbarkeit bzw. Verwendbarkeit ihrer Produkte zu einem bestimmten Zweck. Die Auswahl der Ware, deren Einsatz und Nutzung fallen ausschließlich in den Verantwortungsbereich des Kunden.

WEKA MEDIA GmbH & Co. KG, Sitz in Kissing
Registergericht Augsburg, HRA 13940

Persönlich haftende Gesellschafterin:
WEKA MEDIA Beteiligungs-GmbH, Sitz in Kissing
Registergericht Augsburg, HRB 9723
Geschäftsführer: Mirko Meurer, Werner Pehland, Dr. Heinz Weinheimer

WEKA MEDIA GmbH & Co. KG
Römerstraße 4, D-86438 Kissing
Fon +49.82 33.23-40 02
Fax +49.82 33.23-74 00
Kundenservice@weka.de
www.weka.de

Umschlag geschützt als Geschmacksmuster der
WEKA MEDIA GmbH & Co. KG
Umschlag/Layout: Thomas Ditter
Fachredaktion: Dr. Sigrid Habersaat
Herstellung: Dieter Wolf
Satz: EDV-Fotosatz Huber · Dorfstr. 56f · D-82110 Germering
Druck: Offsetdruckerei Marzorati, Angerstraße 10, D-86343 Königsbrunn
Printed in Germany 2008

ISBN 978-3-8276-8214-7

Inhalt

Vorwort

Sehr geehrte Leserin,
Sehr geehrter Leser,

wenn Sie Verantwortung für ein Projekt übernommen haben, wollen Sie es natürlich zum Erfolg führen. Das ist ein weiter Weg mit vielen Stolpersteinen. Nur, wenn ein Rädchen ins andere greift, wenn die meist unterschätzte menschliche Komponente stimmt, wenn das Ziel genau definiert ist und wenn die Kosten nicht überschritten werden, wird Ihr Projekt auch erfolgreich sein. Es sind wahrhaftig viele Wenn's, die Sie beachten müssen.

Damit auch bei Ihren Projekten die „Wenn's" passen, gibt Ihnen dieses Buch einen Leitfaden an die Hand. Dieser ist logisch und zielgerichtet aufgebaut und deshalb als Orientierungshilfe und Gedächtnisstütze hervorragend geeignet. Bewusst kurz gefasst, enthält der Leitfaden dennoch alle wichtigen Methoden des Projektmanagements.

Nicht nur der vertikale Ablauf, auch die horizontale Ebene ist wichtig für das Gelingen. Moderne Projektarbeit bringt die drei Faktoren Organisation, Mensch und Methoden in ein stimmiges Gleichgewicht. Deshalb bezieht die Autorin diese Faktoren in den zielgerichteten Projektablauf immer wieder ein. Unsere Autorin ist ein erfahrener Projektprofi und unterstützt Sie mit ihrem Know-how. Mit den richtigen Fragen macht sie auf mögliche Sackgassen aufmerksam, sie stellt Ihnen die Vor- und Nachteile der einzelnen Methoden zur kritischen Abwägung vor und gibt Ihnen wertvolle Tipps für einen erfolgreichen Verlauf.

Beim Lesen werden Sie des Öfteren auf den Begriff „PMBOK" stoßen. Das hat den Grund, dass immer mehr Projekte über nationale Grenzen hinweg stattfinden. Der Bedarf an internationalen Standards und einer einheitlichen Nomenklatur wird weiter zunehmen. Deshalb wurde in dieses Buch die Begriffswelt des führenden internationalen Standards „Project Management Body of Knowledge" nach dem PMBOK Guide eingearbeitet.

Nun wünsche ich Ihnen viel Erfolg für Ihr ganz persönliches Projekt! Ich bin mir sicher, dass dieses Buch Sie dabei gut unterstützen wird.

Kissing, im April 2008

Ihre

Dr. Sigrid Habersaat
Fachredakteurin

Begriffsbestimmung Projektmanagement

„Projektmanagement ist die Anwendung von Wissen, Fähigkeiten, Werkzeugen und Verfahren auf Projektvorgänge, um die Bedürfnisse und Erwartungen der Stakeholder an ein Projekt zu erfüllen oder zu übertreffen.“ (PMBOK)

Dies kann nur dann funktionieren, wenn die drei wesentlichen Erfolgsfaktoren des Projektmanagements als Gesamtheit betrachtet und ausreichend berücksichtigt werden:

Wesentliche Erfolgsfaktoren des Projektmanagements

- **Organisation**
  Wie organisiere ich mein Projekt? Wie integriere ich meine Projektorganisation in mein (Unternehmens-)Umfeld?
- **Mensch**
  Welche (neuen) Anforderungen kommen auf die Menschen im Projektgeschehen zu? Welches Verhalten fördert die Arbeit im Projekt?
- **Methoden**
  Welche Methoden und Techniken helfen mir bei der Planung und Steuerung von Projekten? Welche Software unterstützt mich dabei in welcher Form?

Die Methoden des Projektmanagements sind das Handwerkszeug und somit die Basis. Doch nur wenn es gelingt, Mensch, Methoden und Organisation in ein gesundes Verhältnis zu bringen, werden Ihre Projekte erfolgreich sein!

Definition eines Projekts

„Ein Projekt ist ein zeitlich begrenztes Vorhaben zur Schaffung eines einmaligen Produkts oder einer Dienstleistung." (PMBOK)

Darüber hinaus haben sich als weitere Kriterien herauskristallisiert:

Weitere Kriterien

- **eindeutige Zielvorgabe**
- **neben der zeitlichen auch finanzielle, personelle Begrenzungen**
- **Einmaligkeit, keine Routinetätigkeit**
- **hohe Komplexität (Indikatoren dafür sind: Gesamtaufwand, Anzahl an beteiligten Fachbereichen, Risiko)**

Natürlich kann es durchaus sinnvoll sein, auch auf andere Vorhaben PM-Methoden anzuwenden. Zu bedenken ist aber, dass die Kosten für Projektmanagement immer in einem gesunden Verhältnis zu den Kosten des eigentlichen Vorhabens stehen sollten.

Initiierungs-prozesse für Projekte

In dieser Prozessgruppe wird der Grundstein für das gesamte Projekt gelegt. Die Initiierungsprozesse beginnen bereits vor der formellen Genehmigung eines Projekts. Der Prozessabschnitt vor dem formellen Start wird häufig nicht als der Projektstartphase zugehörig betrachtet, da hier die Projektorganisation für ein konkretes Projekt noch nicht existiert. Diese Sicht der Dinge ist fahrlässig, da in dieser frühen Phase über die Wirtschaftlichkeit eines Projekts entschieden wird. Projektmanagement ist nicht nur Sache der Projektorganisation!

Grundlage für den formellen Start eines Projekts sind

- **eine Produktbeschreibung**
- **eine Wirtschaftlichkeitsberechnung**
- **eine Machbarkeitsstudie sowie**
- **der strategische Bedarf**

Probleme, Kundenanfragen oder Markterfordernisse sowie gesetzliche Auflagen können den Prozess des Projektstarts anstoßen, der schließlich in den formellen Projektstart mündet.

Mindestvoraussetzungen für formellen Projektstart

- **ein richtig definiertes Projektziel**
- **einen eindeutig festgelegten Auftraggeber bzw. Ansprechpartner für den Projektleiter bei fachlichen und organisatorischen Problemen**
- **definierte Aufgaben, Befugnisse und Verantwortung für alle am Projekt beteiligten Stellen (dies sind mindestens Auftraggeber, Projektleiter, Projektteammitglieder, in der Regel auch noch Linienvorgesetzte (Gruppenleiter), ein Entscheidungsgremium Qualitätssicherungsbeauftragter usw.). Die einzelnen Teammitglieder müssen sich der Konsequenzen ihrer Rolle (also bspw. veränderter Entscheidungsspielraum gegenüber der Linienfunktion) bewusst sein.**
- **die „richtigen“ Projektteammitglieder in Bezug auf:**
  - **Know-how (Welche Anforderungen stellt das Projekt an die Mitarbeiter in fachlicher Hinsicht?)**
  - **Motivation**

- **Verfügbarkeit (Kann der Mitarbeiter auch wirklich zum vereinbarten Prozentsatz freigestellt werden? Wer übernimmt seine bisherigen Aufgaben? Kann er nach Ende des Projekts wieder in sein ursprüngliches Arbeitsgebiet zurück?)**

Zusätzliche Maßnahmen beim Projektstart:

- Durchführung eines Projekt-Kick-offs
- Übersicht über alle Aufgaben, die die einzelnen Teammitglieder während des Projekts permanent wahrnehmen
- Anlegen einer Projektakte
- Einrichten eines Projektbüros (Sitzungszimmer des Projektteams, Ausstattung Pinnwand, Flip, Overhead, PC-Netz mit PM-Softwarezugang, Projektwand, an der alle wichtigen Mitteilungen für das Team hängen sowie der aktuelle Projektplan)
- Unterstützung durch eine PM-Software

Zieldefinition für ein Projekt

Die Zieldefinition legt Inhalt und Umfang Ihres Projekts fest

Die Zieldefinition ist die Definition von Inhalt und Umfang des Projekts. Das Projektziel beschreibt einen klar vorgegebenen Punkt, an dem das Projekt zu Ende ist. Das bedeutet, dass ein sauberer Projektabschluss nur unter der Voraussetzung eines richtig definierten Projektziels durchgeführt werden kann.

Die Zieldefinition ist in der Regel das Ergebnis eines Abstimmungsprozesses zwischen dem Auftraggeber und dem (künftigen) Projektleiter.

Das Projektziel besteht häufig aus

- **dem eigentlichen „Kernziel" und**
- **einer detaillierten inhaltlichen Ergänzung (z.B. Pflichtenheft, Fachkonzept, Leistungsbeschreibung)**

Deswegen sollten Sie Ihr Projektziel festlegen

- **Damit der Projektleiter eine gesicherte Planungs- und Aktionsgrundlage besitzt. Die Zieldefinition ist Ausgangspunkt für den Aufbau der gesamten Projektplanung („Wer nicht weiß, wohin er will, wird mit Sicherheit woanders landen!“).**
- **Damit der Auftraggeber des Projekts weiß, was er bekommt.**
- **Zur Fixierung des Projektendes, um Missverständnisse beim Projektabschluss zu vermeiden.**

So sollte Ihre Zielformulierung aussehen

Folgende Attribute sollten Sie einem richtig formulierten Projektziel zuordnen können:

- **erreichbar**
- **vollständig**
- **widerspruchsfrei**
- **nicht interpretierbar**
- **prüfbar**
- **lösungsneutral**
- **dokumentiert**
- **zwischen Auftraggeber und Projektleiter abgestimmt und von beiden akzeptiert**

Folgende Tipps helfen dabei, das Projektziel richtig zu formulieren:

- Versetzen Sie sich bei der Formulierung oder Überprüfung eines Projektziels in die Rolle des Gegenparts (also Projektleiter bzw. Auftraggeber). Versuchen Sie, in seinen Worten zu sprechen, sich in seine Lage zu versetzen.
- Versuchen Sie außerdem, sich gedanklich an das Ende des Projekts zu versetzen und die Situation zu beschreiben, so wie sie dann sein sollte! Dies hilft dabei, konkretere Formulierungen zu finden und das Projektziel klarer zu beschreiben. Wichtig ist, einen möglichst klar definierten Punkt für das Ende des Projekts zu finden und zu beschreiben.

Die Komponenten eines Projektziels

Ein Projektziel kann aus folgenden Komponenten bestehen:

- **inhaltliche Beschreibung (Leistungsziel)**
- **Vorgabe des Termins für die Erreichung des inhaltlichen Projektziels (Zeitziel)**
- **Projektbudget (Kostenziel)**

In der Regel hängen die beiden Parameter Termin und Kosten (Budget) von der inhaltlichen Ausgestaltung des Projektziels ab. Aus diesem Grund gibt es durchaus auch Projekte, in denen im ersten Schritt nur das inhaltliche Projektziel definiert wird. Erst nach einer sog. Voruntersuchung, einer ersten Grobplanung des Projekts (die Methoden entsprechen den im Kapitel Projektplanung beschriebenen, jedoch auf einer weniger detaillierten Ebene) werden Termine und Kosten errechnet und zwischen Projektleiter und Auftraggeber vereinbart.

Faustregel

Als Faustregel gilt: Termine und Kosten gehören dann zum eigentlichen Projektziel, wenn das inhaltliche Ziel für den Auftraggeber bei Kosten- und Terminüberschreitung (z.B. Vorbereitung einer Messepräsentation) weitgehend wertlos wird.

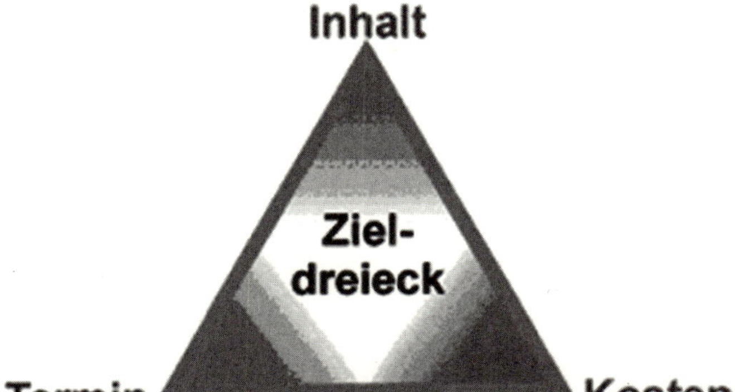

Abb. 1: Komponenten eines Projektziels

Beispiele für eine inhaltliche Zieldefinition

Je nach Art und Umfang eines Projekts kann ein Projektziel völlig anders aussehen. Hier einige Beispiele für richtige bzw. falsche inhaltliche Zieldefinitionen:

Beispiele für inhaltliche Zieldefinitionen

falsch	richtig
„Das Programm xy ist realisiert."	„Das Programm xy ist bei den Anwendern A, B, C installiert und wurde von diesen mindestens einen Monat produktiv eingesetzt."
„Der Kunde ist zufrieden."	„Der Kunde bewertet in einem Fragebogen seine Zufriedenheit mindestens mit der Note *gut*."
„Die Multimedia-CD-ROM ist fertig."	„Die Multimedia-CD-ROM ist in 3.000-facher Ausfertigung am Lager beim Kunden X vorhanden."

Das Projektziel ist neben den anderen Rahmenbedingungen und der Projektorganisation Hauptbestandteil des Projektauftrags.

Formular Projektauftrag

<table>
<tr><th colspan="3">Projektauftrag</th></tr>
<tr><td>Projekt-Nr.:</td><td colspan="2">Projektbezeichnung:</td></tr>
<tr><td colspan="2">Auftraggeber:</td><td>Projektleiter:</td></tr>
<tr><td colspan="3">Mitglieder des Projektteams:</td></tr>
<tr><td colspan="3">Projektanstoß:</td></tr>
<tr><td colspan="3">Projektziel:</td></tr>
<tr><td colspan="3">Termine</td></tr>
<tr><td colspan="2">Gesamtaufwand [PT/PW/PM/PJ]</td><td>Budget</td></tr>
<tr><td colspan="2">...
Auftraggeber</td><td>...
Projektleiter</td></tr>
<tr><td colspan="3">Anlagen</td></tr>
</table>

Projektorganisation

Projektorganisation zur Senkung der Komplexität

Projekte erfordern aufgrund ihrer Komplexität häufig das Zusammenwirken verschiedener Abteilungen eines Unternehmens. Um die Projektabwicklung trotzdem effizient gestalten zu können, wird für jedes Projekt eine eigene Projektorganisation aufgebaut, die nur für die Dauer eines Projekts existiert – im Gegensatz zur „normalen“ Linienorganisation eines Unternehmens.

Unterschiede

Es gibt folgende grundsätzliche Unterschiede zwischen Projektorganisation und Linienorganisation:

Grundsätzliche Unterschiede zwischen Projekt- und Linienorganisation

Projektorganisation	Linienorganisation
■ temporär – wird aufgelöst, wenn das Projekt beendet ist	■ permanent – unterliegt normalerweise keinen oder nur relativ seltenen Änderungen
■ orientiert sich an dem zu erreichenden Ziel (Projektziel)	■ orientiert sich an den zu erledigenden Aufgaben eines Unternehmens (z.B. Marketing, Personal, Konstruktion, Fertigung)
■ ist in der Regel interdisziplinär besetzt	■ vereinigt in der Regel je Organisationseinheit Spezialisten einer Fachrichtung

Projektorganisation

Die Projektorganisation besteht im Kern aus:

- **Auftraggeber**
- **Projektleiter**
- **Projektteam**

Um den Auftraggeber zu entlasten, werden häufig noch ein oder mehrere zusätzliche Entscheidungsgremien eingerichtet, wie z.B. Lenkungsausschuss, Steuerungskreis oder Abstimminstanz.

Außerdem können andere Rollen wie z.B. Qualitätssicherung oder Konfigurationsmanagement die Projektorganisation noch ergänzen.

Die Projektorganisation sollte in einem firmenspezifischen PM-Konzept definiert sein und jeweils zu Beginn eines Projekts um die konkreten fachlichen Aufgaben erweitert werden.

Projektrahmenorganisation zur Senkung organisatorischer Konflikte

Die Projektrahmenorganisation wird durch Rollenbeschreibungen definiert, in denen Aufgaben, Befugnisse und Verantwortung aller Projektbeteiligten möglichst eindeutig festgelegt sind. Damit werden insbesondere organisatorische Konflikte (z.B. zwischen Projekt- und Linienorganisation) vermieden.

Aus diesem Grund müssen die Rollen bereits vor dem eigentlichen Projektstart klar beschrieben sein – möglichst in Form einer firmenweiten Regelung, die für alle Projekte verbindlich vorgeschrieben wird, der sog. Projektrahmenorganisation.

Formen der Projektrahmenorganisation

Merkmale der reinen Projektorganisation

- **Bei der reinen Projektorganisation sind die Projektteammitglieder vollständig aus der Linie herausgelöst.**
- **Die Weisungsbefugnis liegt vollständig beim Projektleiter, die Projektteammitglieder sind zu 100 % für das Projekt tätig.**

- Die mit der Abwicklung eines Projekts beauftragte Organisation handelt wie ein „Unternehmen im Unternehmen“.
- Der Projektleiter kann ohne Einschränkung über das Projektbudget verfügen, auch durch Vergabe von Aufträgen an Firmen außerhalb des Unternehmens.
- Die Verantwortlichen in der Linienorganisation sind in erster Linie Personalentwickler, weniger Führungskräfte.

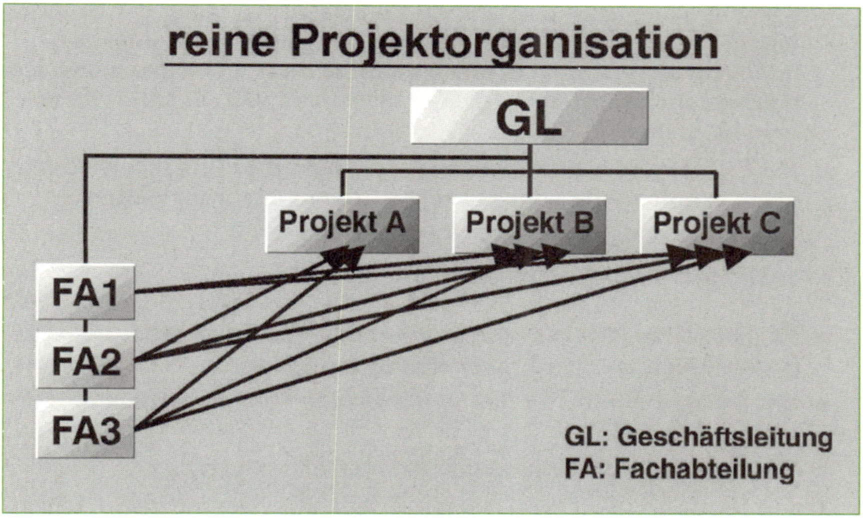

Abb. 2: Reine Projektorganisation

Vorteile

- eindeutige Regelung der Verantwortung für ein Projekt
- Der Projektleiter hat alle Kompetenzen und damit die besten Voraussetzungen für eine erfolgreiche Projektabwicklung.
- Die Reaktionszeit bei Störungen ist sehr gering, da die Projektmitarbeiter direkt mit dem Projektleiter zusammenarbeiten.
- Die Mitarbeiter identifizieren sich in der Regel voll mit „ihrem“ Projekt, was hohe Motivation und einen echten Teambildungsprozess fördert.

Nachteile

- Es besteht die Gefahr von Synergieverlusten im Unternehmen, da jedes Projektteam „für sich“ arbeitet und der Informationsaustausch darunter leidet.
- Die „normale“ Linienorganisation wird u.U. mit völlig neuen und anderen Aufgaben konfrontiert.
- Mit der Auflösung des Projektteams bei Projektende kann das Know-how verloren sein. (Anmerkung: Dies war einer der Gründe, warum sich die NASA nach der „Challenger“-Katastrophe dazu entschlossen hat, kein Ersatz-Shuttle zu bauen. Das Team, das die Projekte für die bis dahin gebauten Raumfähren durchführte, war bereits aufgelöst!)
- Die Projektmitarbeiter müssen nach Ablauf des Projekts wieder in eine Linienfunktion oder ein neues Projekt integriert werden.

Merkmale der Projektkoordination

- Es gibt keinen Projektleiter, sondern nur einen Projektkoordinator ohne Weisungs- oder Entscheidungsbefugnisse.
- Der Projektkoordinator hat nur beratende Funktion und berichtet an Linienstellen.
- Die ursprüngliche Linienorganisation bleibt unverändert.
- Alle für das Projekt notwendigen Tätigkeiten werden in den Linienabteilungen erledigt.

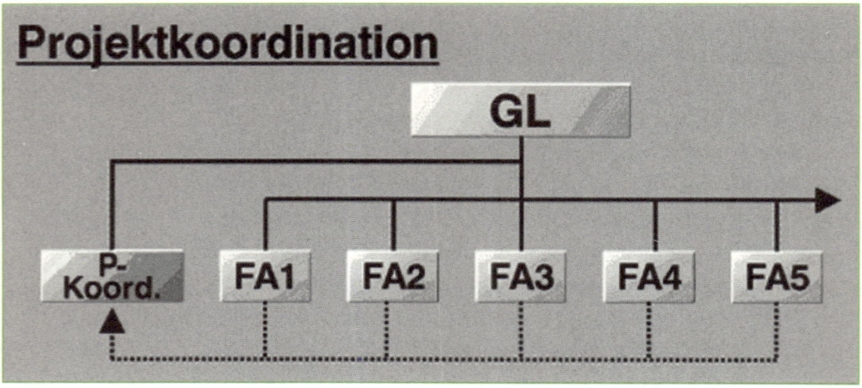

Abb. 3: Projektkoordination

Vorteile

- Es sind keine personellen Änderungen (Versetzung, Änderung von Aufgaben und Verantwortung) bei der Projektarbeit notwendig.
- Mitarbeiter mit thematisch ähnlichen Arbeitsgebieten kommen häufiger miteinander in Kontakt, was Synergieeffekte ermöglicht und die Gefahr von Doppelentwicklungen reduziert.
- Die Mitarbeiter können flexibel je nach Anforderung eingesetzt werden und sind nicht an den Arbeitsstand eines Projekts gebunden.
- Das Verhältnis zwischen Führungskräften und Mitarbeitern bleibt unverändert.

Nachteile

- Bei Störungen während der Projektabwicklung kann nur langsam und behäbig reagiert werden, da Entscheidungen in den zuständigen Fachabteilungen getroffen werden.
- Es gibt keine klare Gesamtverantwortung für ein Projekt.
- Die Führungskräfte der Linienorganisation werden nicht nach dem Projekterfolg, sondern nach dem Abteilungserfolg beurteilt.
- Linieninteressen gehen häufig vor Projektinteressen.
- Ein schneller Informationsfluss innerhalb des Projekts ist schwierig zu erreichen.
- Identifikation der Mitarbeiter mit einem Projekt ist gering.
- Es ist schwierig, den aktuellen Projektstatus festzustellen.

Merkmale der Matrix-Projektmanagement

- Die Befugnisse sind zwischen Projekt (z.B.: WAS wird WANN gemacht) und Linie (z.B.: WER wird WIE und WOMIT dazu eingesetzt?) aufgeteilt.
- Die Mitarbeiter nehmen neben ihrer Funktion im Projekt weiterhin Linienaufgaben wahr.
- Die Linienorganisation bleibt erhalten und wird durch die Projektorganisation ergänzt.

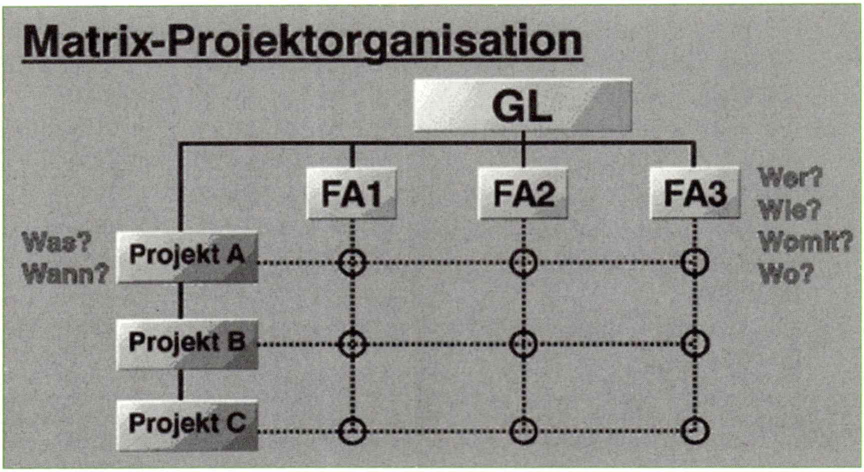

Abb. 4: Matrix-Projektorganisation

Vorteile

- Es gibt keine Reintegrationsprobleme der Projektmitarbeiter, sie bleiben weiterhin ihrer Linieneinheit zugeordnet.
- Spezialistenwissen kann gezielt aufgebaut und für die Projekte flexibel zugänglich gemacht werden.
- Ein Projektverantwortlicher ist vorhanden.
- Die für die Abwicklung eines Projekts notwendigen Mitarbeiter können flexibel auch in der Linie eingesetzt werden.
- Die Weiterqualifizierung der Mitarbeiter kann kontinuierlich fortgeführt werden.

Nachteile

- Eine große Planungssicherheit sowohl aus Projekt- als auch aus Liniensicht ist für den Projekterfolg unbedingt erforderlich.
- Die Aufteilung der Befugnisse zwischen Projekt und Linie birgt hohes Konfliktpotenzial.
- Die Mitarbeiter sind gleichzeitig zwei Führungskräften unterstellt (Projekt- und Abteilungsleiter).
- Die Projektabwicklung wird häufig durch Linienaufgaben gestört.
- Der Projektleiter hat häufig eine hohe Verantwortung, nicht jedoch die entsprechenden Befugnisse.

Beispiel für Initiierungsprozesse

Aufgrund hoher Komplexität ist im Projektmanagement die Zusammenarbeit verschiedener Abteilungen unbedingt erforderlich. Deshalb wird für jedes Projekt neben der bestehenden Linienorganisation eine Projektrahmenorganisation etabliert, die eine effiziente Abwicklung gewährleistet.

Für alle Projekte ist die Besetzung der Projektrahmenorganisation (Auftraggeber, Projektleiter, Projektteam) verbindlich.

Rollenbeschreibungen

Die nachfolgenden Rollenbeschreibungen definieren das Verhältnis von Aufgaben, Verantwortung und Befugnissen. Die Wahrnehmung von Verantwortung setzt dabei die Zuordnung der entsprechenden Befugnisse voraus.

Zu Beginn eines jeden Projekts werden diese Rollenbeschreibungen konkretisiert und ggf. erweitert, wenn es die inhaltliche Zielsetzung des Projekts erfordert.

Der Auftraggeber

Für jedes Projekt wird eine Person als Auftraggeber benannt.

Der Auftraggeber hat dem Projektleiter gegenüber keinen Vorgesetztenstatus.

Checkliste: Rolle Auftraggeber

Checkliste: Rolle Auftraggeber		
Aufgaben	■ Unterstützung des Projektleiters bei allen fachlichen und zwischenmenschlichen Fragen und Problemen	❑
	■ Festlegung und Freigabe des Projektbudgets	❑
	■ Sicherstellung aller notwendigen Ressourcen für das Projekt	❑
	■ Kontrolle des Projektstatus im Abgleich mit dem Projektauftrag	❑
Verantwortung	■ unmissverständliche und eindeutige Formulierung der Projektziele	❑
	■ Überprüfung und Abgleich der Ergebnisse aus dem Projekt mit dem Projektziel	❑
Befugnisse	■ Vetorecht bei allen Fragen und Entscheidungen mit Auswirkungen auf das Projektziel und das Projektbudget	❑
	■ Einfordern der Statusberichte vom Projektleiter	❑
	■ Anfordern von detaillierten Informationen zum Projekt beim Projektleiter bei drohender Termin- oder Kostenüberschreitung	❑
	■ Abnahme des Projektendergebnisses bzw. Produkts	❑
	■ Entlastung des Projektleiters bei Projektabschluss	❑
	■ Entscheidung über Projektunterbrechung	❑

Der Projektleiter

Bei der Benennung des Projektleiters spielt dessen ursprüngliche hierarchische Position keine Rolle, sondern ausschließlich seine fachliche und menschliche Qualifikation.

Der Projektleiter wird vom Auftraggeber benannt. Er ist für die Dauer des Projekts zu mindestens 50 % seiner Arbeitszeit für die Projektleitung freigestellt.

Checkliste: Rolle Projektleiter

Checkliste: Rolle Projektleiter		
Aufgaben	■ Abstimmung mit dem Auftraggeber	❑
	■ Vertretung des Projekts nach innen und nach außen	❑
	■ Vorbereitung der Infrastruktur für das Team	❑
	■ Organisation und Moderation aller Projektsitzungen	❑
	■ Betreuung und Einsatzplanung der Projektmitarbeiter	❑
	■ Koordination aller am Projekt beteiligten Mitarbeiter und Stellen	❑
	■ rollierende Projektplanung und -steuerung	❑
	■ Information des Auftraggebers bei drohenden Risiken und Planabweichungen	❑
	■ Erstellung der Projektberichte für den Auftraggeber und das Projektcontrolling	❑
	■ Führung einer Projektakte	❑
	■ Erstellung des Projektabschlussberichts	❑

Checkliste: Rolle Projektleiter		
Verantwortung	■ Konsens über Projektziele und -inhalte mit dem Auftraggeber herstellen	❑
	■ Vermittlung der Projektziele und -inhalte an die Projektmitarbeiter	❑
	■ Qualität der Projektplanung sicherstellen	❑
	■ Realisierung des Projekts entsprechend dem Projektauftrag	❑
	■ Einhaltung der im Projektauftrag beschriebenen Ziele hinsichtlich Arbeitsergebnisse (Inhalt und Qualität), Termine und Kosten	❑
	■ pünktliche Vorlage von Entscheidungsunterlagen in hoher Qualität	❑
	■ Übergabe der Projektendergebnisse an den Auftraggeber	❑
	■ Sicherung der Erfahrungen aus dem Projekt	❑
Befugnisse	■ Ablehnung des Projektauftrags bei Dissens mit dem Auftraggeber bzgl. der Realisierbarkeit des Projekts	❑
	■ Entscheidung über Schulungsbedarf der Projektmitarbeiter und Form der Schulungsdurchführung	❑
	■ fachliche Weisungsbefugnis im Rahmen des Projekts gegenüber den Projektmitarbeitern	❑
	■ Delegation von Aufgaben und ggf. Befugnissen an Projektmitarbeiter	❑
	■ Abnahme von Arbeitsergebnissen der Projektmitarbeiter	❑
	■ eigenständige Verwendung des Projektbudgets	❑
	■ Vetorecht bei Änderungen des Projektauftrags	❑
	■ Entlastung der Projektmitarbeiter bzgl. ihrer Aufgaben im Projekt	❑

Das Projektteam

Das Projektteam besteht aus Projektmitarbeitern, die für einen definierten Zeitraum möglichst vollzeitig dem Projekt zugeordnet werden.

Die Besetzung des Projektteams erfolgt durch die Abteilungsleiter der tangierten Bereiche unter Mitsprache des Projektleiters.

Checkliste: Rolle Projektteam

Checkliste: Rolle Projektteam		
Aufgaben	■ eigenverantwortliche Ausführung der übertragenen Arbeitspakete/Aktivitäten	❑
	■ Dokumentation der Arbeitsergebnisse	❑
	■ Rückmeldung des Arbeitsfortschritts an den Projektleiter	❑
	■ konstruktive Mitarbeit zur raschen Lösung fachlicher Problemstellungen im Team	❑
	■ Teilnahme an Projektbesprechungen	❑
Verantwortung	■ termingerechte Fertigstellung der Arbeitspakete bei gleichzeitiger Erfüllung der fachlichen Anforderungen	❑
	■ Sicherstellung der Qualität der eigenen Arbeitsergebnisse	❑
	■ Sicherstellung der Integrationsfähigkeit der Arbeitsergebnisse in die Projektgesamtlösung	❑
	■ Einhaltung des Planaufwands für übertragene Arbeitspakete	❑
	■ frühzeitige Information des Projektleiters bei drohender Termin- und/oder Aufwandsüberschreitung sowie bei anderen erkennbaren Risiken, die den Projekterfolg gefährden könnten	❑
	■ Absprache mit dem Projektleiter in allen das Projekt betreffenden disziplinarischen Fragen (z.B. Urlaub, Dienstreisen)	❑

Checkliste: Rolle Projektteam		
Befugnisse	■ Einberufung von Besprechungen mit dem Projektleiter (auch kurzfristig)	❑
	■ fachliche Weisungsbefugnis gegenüber Projektmitarbeitern, die ihm zur Durchführung eines Arbeitspakets zugeteilt sind	❑

Projektdokumentation/Projektakte

Nachvollziehbarer Projektverlauf

Die Projektdokumentation besteht aus allen wichtigen Texten, Zeichnungen und sonstigen Dokumenten, die dabei helfen, den Projektverlauf nachzuvollziehen. Ziel ist es, den Prozess zum Erreichen des Projektziels zu dokumentieren. Dazu dient in erster Linie die Projektakte, in der diese Dokumente abgelegt werden.

Davon zu unterscheiden ist die Produktdokumentation, die das Ergebnis des Projekts (z.B. das Gerät, das entwickelt werden soll oder das EDV-System, das programmiert werden soll) dokumentiert.

Bestandteile einer Projektakte

Typische Dokumente in einer Projektakte sind:

- **Projektauftrag**
- **Projektorganisation inkl. Telefonnummern**
- **Projektpläne**
- **Änderungsanträge**
- **Statusberichte**
- **Planänderungen**
- **Abschlussbericht**

Sinnhaftigkeit einer Projektdokumentation/ Projektakte

- **Die Projektakte stellt sicher, dass jederzeit ein aktueller Stand der Projektplanung und des Projektauftrags inkl. Änderungsaufträgen existiert. In ihr finden sich zentral alle wichtigen Informationen zum Projekt.**
- **Ferner dient die Projektakte als wichtiges Hilfsmittel bei der Erstellung des Abschlussberichts und der Erfahrungssicherung.**

Möglichkeiten, eine Projektdokumentation/ Projektakte aufzubauen

Folgendes Inhaltsverzeichnis ist für den Aufbau einer Projektakte sinnvoll:

Aufbau einer Projektakte

1. Projektauftrag, Informationen aus Vorstudien, Wirtschaftlichkeitsberechnung etc.
2. Projektorganisation inkl. Telefonnummern und Abteilungsbezeichnungen
3. projektspezifische Vereinbarungen wie bspw. Spielregeln, zu verwendende SW-Tools, Dokumentationsstandards usw.
4. erste freigegebene Projektplanung (= Erstplanung) (Projektstrukturplan, Meilensteinplan, Aufwandsschätzung, Terminpläne, Kostenplanung etc.)
5. letzte freigegebene Projektplanung
6. aktuelle interne Projektplanung
7. Meilensteinberichte, Statusberichte
8. Sitzungsprotokolle
9. Abschlussbericht
10. Telefonliste

Natürlich kann eine Projektakte durchaus auch rein elektronisch (z.B. im Netz) mit einer entsprechenden Verzeichnisstruktur geführt werden. Wichtig ist jedoch in jedem Fall eine Regelung dazu, wer für die Pflege verantwortlich und wo der jeweils gültige Stand zu finden ist.

Projekt-Kick-off

Ein Projekt-Kick-off ist die erste offizielle Sitzung des Projektteams, nachdem der Projektauftrag erteilt wurde. Sie dient noch nicht dazu, inhaltlich am Projekt zu arbeiten, sondern soll Gelegenheit für die Teammitglieder geben, sich über das Projektziel zu informieren und sich gegenseitig kennen zu lernen.

Die Ziele des Projekt-Kick-off

Der Projekt-Kick-off soll verschiedenen Zielen dienen:

- **Vorstellung der einzelnen Teammitglieder**
  Um später auch die direkte Kommunikation im Projektteam sicherzustellen, muss jedem Teammitglied klar sein, wer welche Erfahrungen und Know-how-Schwerpunkte besitzt. Dies ist insbesondere auch wichtig für Themen, die nicht in unmittelbarem Zusammenhang mit dem eigentlichen Projektthema stehen, da häufig Wissen aus anderen, angrenzenden Bereichen nützlich für die Lösung von Problemen ist.
  Außerdem ist dies der geeignete Zeitpunkt, um die Erwartungen, Hoffnungen und Wünsche der Teammitglieder abzufragen und ggf. zu korrigieren.
- **Klärung der Rollen der einzelnen Teammitglieder**
  Für jedes Teammitglied gibt es bereits zu Beginn eines Projekts eine oder mehrere ihm zugedachte Rollen (fachlich und/oder organisatorisch). Diese sollten während des Projekt-Kick-off angesprochen und evtl. korrigiert/ergänzt werden.
- **Herstellen eines gemeinsamen Informationsstands für alle Projektbeteiligten**
  Da im Vorfeld bis zu einem offiziellen Projektauftrag meist schon Gerüchte über das neue Projekt entstehen, sollten die Teammitglieder ganz zu Anfang insbesondere über das genaue Projektziel sowie die sonstigen Rahmenbedingungen informiert werden. Falls möglich, ist es natürlich sinnvoll, das Ziel noch einmal zur Diskussion zu stellen und so auch die Teammitglieder am Prozess der Zielfindung zu beteiligen.

- **Festlegen von Spielregeln für die Teamarbeit**
  Die Zusammenarbeit im Projektteam kann mit der Vereinbarung von Spielregeln konfliktfreier gestaltet werden. Sie sollten von allen Teammitgliedern gemeinsam erarbeitet werden, damit von Beginn an eine hohe Akzeptanz vorhanden ist.

Weitere „Spielregeln"

Folgende Themenbereiche können in die Spielregeln mit einbezogen werden:

- Organisation (Protokoll, Raumreservierung, Beschlussfindung, Moderation etc.)
- Kommunikation innerhalb des Teams und mit der Umgebung
- Verhaltenskodex (Vorbereitung von Sitzungen, Pünktlichkeit, max. Redezeit etc.)
- Sanktionen bei Nichteinhalten der Spielregeln („Mannschaftskasse", ...)

Ablauf eines Projekt-Kick-off

Folgender Ablauf für einen Projekt-Kick-off hat sich als sinnvoll erwiesen:

1. Der Projektleiter eröffnet die Sitzung. Er stellt sich kurz selbst vor und informiert dabei auch über seine relevanten Erfahrungen aus der Vergangenheit.
2. Der Projektleiter stellt kurz das inhaltliche Projektziel vor.
3. Jedes Teammitglied stellt sich selbst kurz vor und schildert seine Erfahrungen, die es möglicherweise auch aus früheren ähnlichen Projekten einbringen kann. Außerdem kann jeder Teilnehmer seine Wünsche und Befürchtungen äußern, die zunächst kommentarlos aufgenommen werden.
4. Der Projektleiter informiert über weitere Details zum Projektauftrag und geht dabei auch auf die Wünsche und Befürchtungen der Teammitglieder ein. Dazu gehört ebenfalls die Information über Aufgaben und Befugnisse von Instanzen und Gremien aus der Projektorganisation (Entscheidungsgremien, Auftraggeber etc.).

5. **Gemeinsam werden die Spielregeln für die künftige Zusammenarbeit im Team festgelegt.**
6. **Die weitere Vorgehensweise wird vereinbart (nächster Termin, Tagesordnungspunkte etc.)**

Die Sitzung dauert maximal zwei Stunden.

DONTs bei einem Projekt-Kick-off

- **vom Projektleiter diktierte Spielregeln für die Zusammenarbeit im Projektteam**
- **inhaltliche Diskussionen über die Vorgehensweise im Projekt. Dazu sollte ein eigener Planungsworkshop stattfinden.**
- **Projektleiter, die sich selbst stark in den Vordergrund stellen und nicht auf die Wünsche und Fragen der Teammitglieder eingehen.**

Projektplanungs-prozesse

Projektplanung ist sinnvoll und erfolgskritisch

- **Erst nachdem man ein Projekt geplant hat, bekommt man einen Überblick darüber, welche Schritte als Nächstes sinnvoll sind. Die Projektplanung gibt also Sicherheit, das Richtige zur richtigen Zeit zu tun.**
- **Eine fundierte und realistische Projektplanung ist ferner die Basis für eine funktionierende Projektsteuerung. Sie wird wie eine Landkarte verwendet, bei der das Abweichen vom richtigen Weg möglichst frühzeitig festgestellt wird – und nicht erst, wenn man sich hoffnungslos verfahren hat.**
- **Außerdem motiviert das Erreichen von Zwischenzielen, den weiteren Weg bis zum Erreichen des Projektziels anzugehen. Oft merkt man erst dann, wenn man geplante Punkte als „erledigt" abhaken kann, dass eigentlich doch schon sehr viel realisiert wurde.**

Die Projektplanungsprozesse können in Kernprozesse und Unterstützungsprozesse unterteilt werden.

Kernprozesse der Projektplanung

Kernprozess	Beschreibung
Projektstrukturierung	Was ist alles zu tun?
Meilensteinplanung	Welches sind wichtige Ereignisse im Projektverlauf?
Einsatzmittelbedarfsplanung	Wie viel Arbeitsaufwand und welche sachlichen Einsatzmittel sind zur Erbringung von Arbeitsergebnissen notwendig?
Terminplanung	In welcher Reihenfolge und zu welchen Terminen müssen die Arbeitspakete abgearbeitet werden?
Kostenplanung	Wie viel Kosten verursachen die einzelnen Arbeitspakete?
Planoptimierung	Stimmt der bis dahin geplante Projektverlauf mit den Wünschen meines Auftraggebers überein?

Kernprozess	Beschreibung
Risikomanagement-planung	Sind die Aktivitäten des Risikomanagements für das Projekt definiert?
Integrations-management	Ergibt sich bei der Zusammenführung der Ergebnisse aller Planungsprozesse ein auf einander abgestimmtes, schlüssiges Dokument?

Unterstützungsprozesse der Projektplanung

Unterstützungs-prozess	Beschreibung
Risikoanalyse	Was könnte mein Projekt gefährden und welche Maßnahmen kann ich dagegen treffen?
Qualitätsplanung	Sind die Qualitätsstandards definiert und ist geplant, wie sie eingehalten werden können?
Kommunikations-planung	Ist festgelegt, wer welche Information wann und wie erhält?

Schleifen

Die Kernprozesse sind in einer zeitlichen Abfolge zu sehen, die allerdings durch Schleifen infolge neuer Erkenntnisse, Anforderungen des Kunden u.Ä. zumeist mehrmals durchlaufen werden. Die Unterstützungsprozesse können dagegen nicht einzelnen Kernprozessen zugeordnet werden, sie sind prozessübergreifend.

Information und Genehmigung

Ist die Projektplanung abgeschlossen, erfolgt in der Regel eine Genehmigung des Termin- und Kostenrahmens durch den Auftraggeber.

Dazu ist es sinnvoll, diesen durch folgende Unterlagen zu informieren:

- **Projektstrukturplan (um eine komplette Übersicht über das gesamte Projekt zu vermitteln)**
- **Balkenplan (um den zeitlichen Ablauf des Projekts darzustellen)**
- **Meilensteindefinitionen (um mit dem Auftraggeber zu vereinbaren, welche Ergebnisse bei welchem Meilenstein vorliegen müssen)**
- **Kostenplan (um die voraussichtlichen Kosten transparent zu machen)**

Detailinformationen

Arbeitspaketbeschreibungen, Netzpläne, Belastungsdiagramme oder sonstige Planunterlagen sollten nur dann weitergegeben werden, wenn dies ausdrücklich gewünscht wird, da sie Detailinformationen enthalten, die für den Auftraggeber erst in zweiter Linie interessant sind.

Projektstrukturierung

Ein Projektstrukturplan gibt Übersicht über Ziele und Aktivitäten

Ein Projektstrukturplan (PSP) ist eine (in der Regel grafische) Übersicht, die alle zum Erreichen des Projektziels notwendigen Aktivitäten enthält. Grundlage des PSP ist also die Definition der Aktivitäten. Der PSP wird von allen Mitgliedern des Projektteams gemeinsam erarbeitet. Neben den einzelnen Aktivitäten enthält er auch die Namen der Verantwortlichen für deren Durchführung.

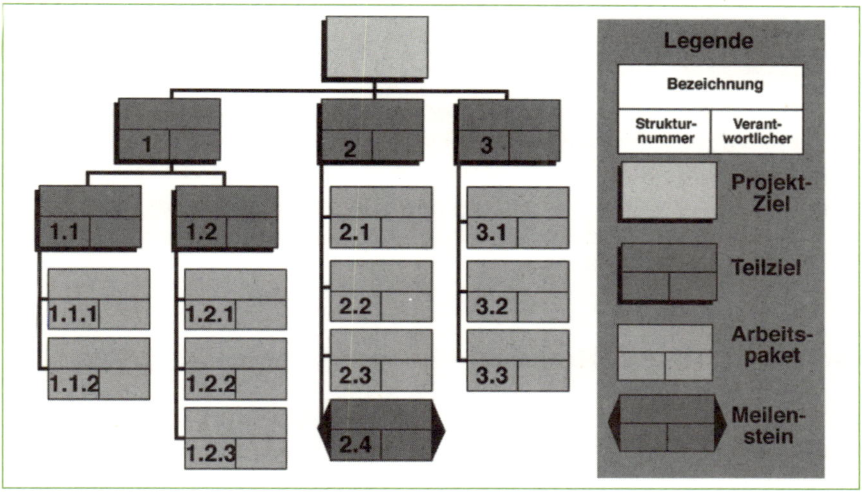

Abb. 5: Projektstrukturplan

Mit dem Projektstrukturplan unterstützen Sie die Projektsteuerung

Für die Erstellung eines Projektstrukturplans sprechen mehrere Gründe:

Vorteile

- **Durch die grafische Darstellung der Aufgaben in Baumform kann der gesamte PSP relativ einfach auf Vollständigkeit hin überprüft werden – auch von Fachleuten, die bei der Planung selbst nicht mit dabei waren. Dies ist auch der wichtigste Zweck des PSP – eine möglichst vollständige Auflistung aller zur Erreichung des Projektziels notwendigen Aufgaben.**
- **Der Projektstrukturplan fördert gesamtheitliches Denken, da hier immer das gesamte Projekt abgebildet ist – selbst wenn weiter entfernte Projektphasen zunächst noch grob geplant werden.**
- **Da der Projektstrukturplan sehr einfach zu verstehen ist, eignet er sich auch für Präsentationen. Außerdem ist er ein hervorragendes Kommunikationsmittel, in dem jedes Projektmitglied sofort seinen Beitrag zum Gesamtprojekt erkennt.**

- **Die Projektstrukturierung fördert den Teamentwicklungsprozess, da dies im Rahmen eines neuen Projekts das erste gemeinsam erarbeitete Ergebnis ist.**
- **Der PSP führt zu einer Unterteilung des Gesamtprojekts in kleinere, leichter überschaubare Aktivitäten und hilft somit, die Komplexität zu reduzieren und in den Griff zu bekommen.**
- **Anhand des Projektstrukturplans können während der Planung interessante Verdichtungen bzgl. Kosten, Aufwand und Terminen vorgenommen werden.**

So erstellen Sie den Projektstrukturplan

Der Projektstrukturplan ist das Ergebnis eines teils kreativen, teils analytischen Prozesses. Es gibt zwei Möglichkeiten, um zu einem Projektstrukturplan zu kommen:

- **Top-down:**
  Ausgehend vom Projektziel definiert man Teilziele, die wiederum in Detailziele zerlegt werden und so weiter. Die unterste Ebene enthält schließlich Aktivitäten.
  Diese Vorgehensweise bietet sich vor allem dann an, wenn das Projekt nicht völliges Neuland ist, sondern schon bestimmte Erfahrungen oder gar Standardpläne vorhanden sind, an die man anknüpfen kann.

  Bei der Top-down-Planung sollte man immer erst ein Element komplett detaillieren, bevor man sich an das nächste macht. Also: Breite vor Tiefe!

- **Bottom-up:**
  Im ersten Schritt werden alle Aktivitäten und/oder Teilziele ohne jegliche Ordnung aufgeschrieben. Hierbei handelt es sich um einen Kreativprozess, bei dem auch Kreativitätstechniken wie bspw. Mind-Mapping oder Brainstorming sinnvoll eingesetzt werden können. Als Nächstes werden die so gefundenen Aktivitäten und/ oder Teilziele nach Oberbegriffen geordnet und diese evtl. noch einmal in einer übergeordneten Ebene zusammengefasst usw.

So entsteht nach und nach eine Struktur, die im letzten Schritt nochmals von oben nach unten auf Vollständigkeit hin überprüft werden muss.

Den Bottom-up-Ansatz wählt man vor allem dann, wenn man sich über die Vorgehensweise im Projekt noch völlig im Unklaren ist. Hier bleibt viel Freiraum für eine fruchtbare Kreativphase.

Zwei unterschiedliche Prinzipien zur Strukturierung des Projekts

Es gibt zwei grundsätzliche Prinzipien, nach denen ein Projektstrukturplan aufgebaut werden kann:

- **ausgehend vom zu erreichenden Projektziel**
  (= objektorientiert, produktorientiert)
  Hierbei wird das vereinbarte Projektziel, also z.B. ein neues Messgerät, das Personalentwicklungskonzept oder die neue Software in seine Bestandteile zerlegt.

Objektorientiertes Projektziel

Projektziel	Beispiel für 1. Ebene (produktorientiert)
Entwicklung Messgerät	■ hardwarenahe Firmware ■ Benutzersoftware ■ Hardware – Elektrik ■ Hardware – Mechanik (Gehäuse) ■ Dokumentation
neues Personal-entwicklungskonzept	■ Anforderungsprofil je Stelle ■ Mitarbeiterprofil ■ PE-Maßnahmen
Entwicklung einer Lernsoftware	■ Lerninhalte ■ Übungen ■ Beispiele ■ Formulare ■ Storybook ■ Benutzeroberfläche inkl. Hilfe

- **ausgehend vom Weg zum Erreichen des Projektziels**
  (= prozessorientiert, funktionsorientiert, phasenorientiert)
  Hierbei wird der Weg, der zum Erreichen des Projektziels zurückgelegt werden muss, in kleinere, meist auch chronologisch geordnete Teilziele zerlegt.

Produktorientiertes Projektziel

Projektziel	Beispiel für 1. Ebene (prozessorientiert)
Entwicklung Messgerät	■ Entwicklung ■ Konstruktion ■ Realisierung Erstmuster ■ Test Erstmuster ■ Überarbeitung ■ Freigabe
neues Personal-entwicklungskonzept	■ Informationssammlung ■ Konzeption ■ Abstimmung mit Vorstand und Betriebsrat ■ Dokumentation ■ Einführung
Entwicklung einer Lernsoftware	■ Grobkonzept ■ Detailkonzept ■ Programming Testversion ■ Test ■ Überarbeitung ■ Programming Endversion ■ Test ■ Überarbeitung ■ Vervielfältigung

Grundsätze bei der Projektstrukturierung

- **Wichtigstes Ziel des PSP ist die Vollständigkeit aller Aktivitäten. Zu beachten ist, dass alle Aktivitäten klar voneinander abgegrenzt werden, vor allem um Überschneidungen zu vermeiden.**
- **In der Regel werden in einem Projektstrukturplan immer beide Gliederungsprinzipien vorkommen (dann spricht man vom sog. gemischtorientierten Projektstrukturplan). Man sollte jedoch versuchen, ein Element nur nach einem einheitlichen Prinzip zu detaillieren. Dies ermöglicht erst die Überprüfung auf Vollständigkeit.**

- **Risiken und Unklarheiten, die während der Projektstrukturierung auftauchen, sollten markiert, festgehalten und während des Projektverlaufs besonders beachtet werden.**
- **Der PSP sollte soweit detailliert werden, bis allen Aktivitäten der untersten Ebene (= Arbeitspaket) genau ein Verantwortlicher zugeordnet werden kann.**
- **Der gewählte Detaillierungsgrad muss eine zuverlässige Schätzung der Kosten und Dauern der Arbeitspakete ermöglichen.**
- **Ziel des Projektstrukturplans ist es nicht, eine Reihenfolge von Aktivitäten darzustellen. Der PSP dient ausschließlich zur inhaltlichen Zergliederung des Projektziels.**

Die Arbeitspakete im Projektstrukturplan

Als Arbeitspakete (AP) bezeichnet man die unterste Ebene im Projektstrukturplan. Diese ist dann erreicht, wenn einem Arbeitspaket genau ein Verantwortlicher zugeordnet werden kann. Der Verantwortliche sorgt dafür, dass die zugesagten Ergebnisse des Arbeitspakets im Rahmen der vereinbarten Termine und Kosten erbracht werden.

Jedes Arbeitspaket ist eine klar abgegrenzte und in sich geschlossene Einheit. Die Arbeitspakete bilden die Basis für die weitere Projektplanung.

Die Beschreibung eines Arbeitspakets muss ausreichend und detailliert sein

Zur näheren inhaltlichen Beschreibung eines Arbeitspakets (die meist recht kurze Bezeichnung des Arbeitspakets im Projektstrukturplan reicht **nicht** aus!) müssen mindestens folgende Informationen vorhanden sein:

- **Kurzbezeichnung**
- **AP-Nr.**
- **AP-Verantwortlicher**
- **Ziel/Ergebnisse des Arbeitspakets**
- **Voraussetzungen zur Erbringung der Ergebnisse**

optional:

- **Aufgabenbeschreibung (Welche Aufgaben sind durchzuführen?)**
- **Unterschriftsfelder für Projektleiter und AP-Verantwortlichen (Die Unterschriften von Projektleiter und AP-Verantwortlichem sind nicht unbedingt erforderlich. Sie betonen jedoch den Vertragscharakter der AP-Beschreibung und sind insbesondere in der Matrix-Projektorganisation wichtig.)**

Bei der Festlegung der zu erbringenden Ergebnisse eines Arbeitspakets sind die Grundsätze der Zieldefinition (siehe Kap. Zieldefinition) zu beachten!

Neben diesen inhaltlichen Informationen werden im weiteren Verlauf der Projektplanung zu jedem Arbeitspaket auch Termine, Kosten und Aufwand ermittelt.

Formular Arbeitspaketbeschreibung

<table>
<tr><th colspan="4">Arbeitspaketbeschreibung</th></tr>
<tr><td>Projekt-Nr.:</td><td colspan="2">Projektbezeichnung:</td><td>Projektleiter:</td></tr>
<tr><td>AP-Nr.:</td><td colspan="2">AP-Bezeichnung:</td><td>AP-Verantwortlicher:</td></tr>
<tr><td colspan="4">Ziele/Ergebnisse:</td></tr>
<tr><td colspan="4">Voraussetzungen für den Start des Arbeitspakets:</td></tr>
<tr><td>Bearbeiter</td><td>Aufwand</td><td>PE</td><td>Bearbeitungs-dauer</td></tr>
<tr><td></td><td></td><td></td><td></td></tr>
<tr><td>AP-Gesamtaufwand:</td><td></td><td>AP-Dauer:</td><td></td></tr>
<tr><td colspan="2">..
Projektleiter</td><td colspan="2">..
AP-Verantwortlicher</td></tr>
</table>

Meilensteinplanung zur Einhaltung der Zeiten

Wichtige Ereignisse im Projektverlauf

Meilensteine sind wichtige Ereignisse im Projektverlauf. Sie markieren Abschluss oder Beginn von wichtigen Projektschritten und ergeben sich aus der Projektstruktur, d.h., aus einer Zergliederung des Projektziels in Teilziele (diese können produkt- oder prozessorientiert sein).

Meilensteine dienen Entscheidungen über den weiteren Verlauf

- **Meilensteine sind Punkte, an denen eine Entscheidung über den weiteren Projektfortgang gefällt werden kann. So werden z.B. besonders wichtige Meilensteine als Gateway oder Review bezeichnet, bei deren Erreichen eine Reviewsitzung durchgeführt wird. Hierbei wird zunächst geprüft, ob die für diesen Meilenstein festgelegten Ergebnisse vorhanden sind. Außerdem wird eine Entscheidung gefällt, ob das Projekt wie geplant weitergeführt, abgebrochen oder in Teilen wiederholt wird.**
- **Ein Meilenstein ist immer ein Ereignis (Ergebnisse sind vorhanden, Entscheidung ist gefällt), von dem sich eindeutig feststellen lässt, ob es eingetreten ist oder nicht. Deshalb kann darauf eine objektive Ermittlung und Darstellung des Projektstatus sowie ein fundiertes Berichtswesen aufbauen.**
  Meilensteine können zu sog. Meilensteinplänen zusammengefasst werden. Diese geben einen schnellen Überblick über die wesentlichen Eckpunkte der Projektplanung und sind deshalb auch zur Information des Managements geeignet.
  Außerdem sind richtig definierte Meilensteine die Basis für ein effektives Controllinginstrument, der Meilensteintrendanalyse (siehe Steuerungsprozesse).
- **Für den Marathonläufer werden wichtige Kilometersteine farbig markiert, um ihn für die verbleibende Reststrecke neu zu motivieren. Demselben Zweck dient auch das Definieren von Meilensteinen:**

Es motiviert, immer wieder „Zwischenspurts“ einzulegen und nicht dem Frust des noch so weit entfernten Projektziels nachzugeben.

So definieren Sie Meilensteine richtig

Zur Definition eines Meilensteins gehören:

- **MS-Name**
- **MS-Verantwortlicher**
- **Termin für die Erbringung der MS-Ergebnisse**
- **festgelegte MS-Ergebnisse (z.B. Dokumente, Prototypen, Entscheidungen etc.)**

Formular Meilensteindefinition

<table>
<tr><th colspan="3">Meilensteindefinition</th></tr>
<tr><td>Projekt-Nr.:</td><td>Projektbezeichnung:</td><td>Projektleiter:</td></tr>
<tr><td>Nr. des Meilensteins:</td><td>Bezeichnung des MS:</td><td>MS-Verantwortlicher:</td></tr>
<tr><td colspan="3">Ergebnisse, die beim Erreichen des Meilensteins vorhanden sein müssen:</td></tr>
<tr><td colspan="2">..
Projektleiter</td><td>..
MS-Verantwortlicher</td></tr>
</table>

Einsatzmittelbedarfsplanung

Die drei M: Mensch, Maschine, Material

In der Einsatzmittelbedarfsplanung wird ermittelt, welche physischen Einsatzmittel (die drei M: Mensch, Maschine, Material) in welcher Menge zur Abarbeitung der einzelnen Arbeitspakete benötigt werden. Dabei ist es hilfreich, sich zugleich die Frage nach den benötigten Qualifikationen und Sachmitteln zu stellen: Sind sie vorhanden oder müssen sie beschafft werden?

Die Ermittlung des Einsatzmittelbedarfs ist die Grundlage für eine Kostenschätzung und -planung. Wichtigster und schwierigster Unterpunkt bei der Einsatzmittelbedarfsplanung ist die Aufwandsermittlung, da einer bestimmten Menge menschlicher Arbeit nicht ein eindeutiges Ergebnis zugeordnet werden kann.

So schätzen Sie den Aufwand realistisch ein

Basis für die Aufwandsschätzung sind die Arbeitspakete aus dem Projektstrukturplan. Jedes Arbeitspaket wird für sich alleine betrachtet. Folgende Vorgehensweise empfiehlt sich:

1. **Arbeitsmenge**
   Abschätzen der Arbeitsmenge (= Aufwand, Einheit z.B. Personentage [PT] oder -stunden [PH]), die voraussichtlich notwendig sein wird, um das Ziel/Ergebnis des Arbeitspakets zu erreichen. Falls möglich, kann der hier geschätzte Aufwand bereits nach einzelnen Ressourcen aufgeteilt sein (also z.B. Maurer und Hilfsarbeiter).
   Da jede Schätzung einzig und allein auf Erfahrungen basiert, ist es zur Verbesserung der Aufwandsschätzung notwendig, Erfahrungssicherung zu betreiben. Die Methoden zur Unterstützung der Aufwandsschätzung zielen allesamt darauf ab, die Erfahrungssicherung zu systematisieren und möglichst transparent zu machen.

Beim Abschätzen des Aufwands für ein Arbeitspaket sollte unbedingt der zuständige Mitarbeiter mit eingebunden sein – der Projektleiter alleine wird dies in der Regel nicht leisten können.

> Aufwand hängt vom Arbeitsinhalt eines APs ab!

2. **Intensität**
   Abschätzen der maximalen Intensität, mit der eine Ressource diesen Aufwand erbringen kann (= Personaleinsatz, Einheit entweder in [%] oder z.B. [Ph/T]). Hier gibt es eine „natürliche“ Obergrenze. Beispielsweise können nicht vier Arbeiter gleichzeitig ein 1 × 1 Meter großes Loch graben oder zwei Programmierer an ein und demselben Modul arbeiten.
   Urlaube, Schulungen oder sonstige geplante Abwesenheiten von Ressourcen werden in diesem Planungsstadium noch nicht berücksichtigt, dies erfolgt im Rahmen der Planoptimierung.
3. **Zeitbedarf**
   Aus den beiden Größen Aufwand und (maximaler) Personaleinsatz lässt sich ableiten, welcher **Zeitbedarf** (= Dauer, Einheit in Tagen [t], Wochen [w] oder Stunden [h]) für die Durchführung eines Arbeitspakets notwendig ist. Als einfachste Rechenformel wird hierfür die lineare Verteilung des Aufwands über der Dauer angewendet:

   > Dauer = Aufwand/Personaleinsatz

   Hat man im ersten Schritt den Aufwand bereits für die einzelnen Ressourcen getrennt geschätzt, ergibt sich je Ressource eine individuelle Bearbeitungsdauer. Die längste Bearbeitungsdauer ist identisch mit der Gesamtdauer des Arbeitspakets.
4. Diese drei Schritte werden für jedes Arbeitspaket durchgeführt, sodass sich als Ergebnis der Aufwandsschätzung eine ähnliche Liste wie die folgende ergibt:

Formular Aufwandsschätzung

Aufwandsschätzung					
AP-Nr.	AP-Bezeichnung	Bearbeiter	Aufw. [PT]	PE [%]	Dauer [Tage]
1.1	*Detailplanung Programminhalte*				*10*
		Müller	5	50	10
		Schmitt	5	50	10
		Meier	10	100	10
		Huber	10	100	10
1.2	*Erstellung Texte*				*15*
		Schmitt	5	100	5
		Huber	15	100	15
1.3	*Programmierung*				*20*
		Müller	20	100	20

Vermeiden Sie die häufigsten Fehler bei der Aufwandsschätzung

- **Erfahrungsgemäß fallen Aufwandsschätzungen zu neuen Themen oder von Mitarbeitern, die nur selten bewusst Aufwand schätzen, eher zu niedrig als zu hoch aus.**
- **Viele Mitarbeiter trennen Aufwand und Dauer nicht scharf. Der Aufwand hängt jedoch vom zu erbringenden Arbeitsinhalt ab, die Dauer kann dagegen durch mehr oder weniger intensives Arbeiten an einem Arbeitspaket beeinflusst werden.**
- **Eine bewusste und systematische Erfahrungssicherung, Grundvoraussetzung für eine fundierte Aufwandsschätzung, wird häufig aus Zeitmangel oder anderen Gründen nicht gemacht.**
- **Viele Angaben zum voraussichtlichen Aufwand werden unter dem Druck knapper Ressourcen und enger Terminpläne gemacht – und sind deswegen von vornherein unrealistisch.**

- **Die zuständigen Mitarbeiter werden nicht oder nur ungenügend bei der Aufwandsschätzung eingebunden. Dabei ist dies schon allein aus Motivationsgründen unerlässlich, vom Fachwissen ganz zu schweigen.**
- **Auch Projektmanagement verursacht Aufwand! Das wird jedoch häufig nicht in die Planung mit einbezogen. Analog verhält es sich mit dem Aufwand für Qualitätssicherung.**

Diese Verfahren unterstützen mich bei der Aufwandsschätzung

Zur Unterstützung der Aufwandsschätzung in verschiedenen Phasen der Projektplanung gibt es verschiedene Methoden (z.B. function point, COCOMO, Erfahrungsdatenbanken), bei denen ein gewisses Maß an Erfahrung bei ähnlichen Projekten als „Input" zur Verfügung gestellt werden muss, damit als „Output" eine Aussage über den voraussichtlichen Aufwand eines Projekts getroffen werden kann. Außerdem sind in der Regel bereits relativ detaillierte Informationen über das Projekt notwendig, damit diese Methoden angewendet werden können.

Aus diesem Grund hat sich in der Praxis hauptsächlich die Expertenbefragung durchgesetzt. Dabei werden im Wesentlichen ein oder auch mehrere Experten über den ihrer Meinung nach zu erwartenden Aufwand für das Projekt oder Arbeitspaket befragt.

Terminplanung im Projektablauf

Die Terminplanung erfolgt analytisch in drei Stufen:

1. **Festlegen der Vorgangsfolgen (= Ablaufplanung)**
2. **Schätzung der Vorgangsdauern**
3. **Terminplanentwicklung**

In der Praxis hat sich der Ausdruck „Arbeitspaket" statt Vorgang eingebürgert. Der Begriff „Vorgang" ist aber noch in der Netzplantechnik gebräuchlich.

In der Ablaufplanung stellen Sie zeitliche und inhaltliche Abhängigkeiten der Arbeitspakete dar

Die bei der Projektstrukturierung definierten Arbeitspakete können nicht immer parallel und völlig unabhängig voneinander abgearbeitet werden. Viele Arbeitspakete weisen untereinander sachlich erforderliche, logische Abhängigkeiten auf (erst muss der Rohbau stehen, bevor das Dach aufgesetzt werden kann). Diese müssen während der Projektplanung ermittelt und so dokumentiert werden, dass sie nachvollziehbar bleiben.

Anordnungsbeziehungen

Das hierfür geeignete Instrument ist der Netzplan. In ihm werden die Arbeitspakete (siehe Kap. Arbeitspakete) mittels sog. Anordnungsbeziehungen in die aus sachlichen Gründen erforderliche Reihenfolge gebracht.

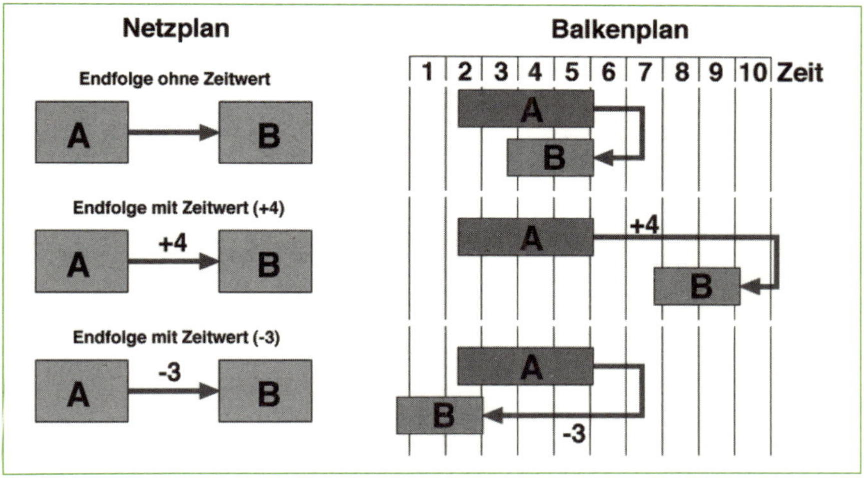

Abb. 6: Anordnungsbeziehungen

Aufgabe des Netzplans

Aufgabe des Netzplans ist im Wesentlichen:

- **transparent zu machen, welche Arbeitspakete für die Projektdauer bestimmend sind – der kritische Pfad. Dieser ist wichtig, da ausschließlich über kritische Vorgänge die Projektdauer beeinflusst werden kann – sowohl bei der Optimierung der Planung als auch bei der Projektsteuerung!**
- **eine einfache und effiziente Basis für Simulationen zu schaffen. Sind alle Abhängigkeiten richtig definiert, reicht die Änderung einer einzigen Arbeitspaketdauer oder eines Termins, um die Auswirkungen auf alle anderen Arbeitspakete des Projekts zu sehen.**

> Die Arbeit mit Netzplänen ist nur dann sinnvoll, wenn eine Software bei der Berechnung zur Verfügung steht. Die manuelle Pflege eines Netzplans ist zu aufwendig.

Diese Anordnungsbeziehungen gibt es

Anordnungsbeziehungen stellen die Abhängigkeiten zwischen den einzelnen Arbeitspaketen im Netzplan dar. Folgende Arten von Anordnungsbeziehungen gibt es:

Arten von Anordnungsbeziehungen

Bezeichnung nach DIN 69900	Gebräuchliche Abkürzungen	Bedeutung
Normalfolge (NF)	EA (Ende-Anfang) ES (Ende-Start)	Der Start des Nachfolgers ist vom Ende des Vorgängers abhängig.
Endfolge (EF)	EE (Ende-Ende)	Das Ende des Nachfolgers ist vom Ende des Vorgängers abhängig; die Startpunkte beider Vorgänge sind jedoch voneinander unabhängig.

Bezeichnung nach DIN 69900	Gebräuchliche Abkürzungen	Bedeutung
Anfangsfolge (AF)	AA (Anfang-Anfang) SS (Start-Start)	Der Start des Nachfolgers ist vom Start des Vorgängers abhängig; die Endpunkte der beiden Vorgänge sind jedoch voneinander unabhängig.
Sprungfolge (SF)	AE (Anfang-Ende) SE (Start-Ende)	Das Ende des Nachfolgers ist vom Start des Vorgängers abhängig.

Hierzu noch einige Beispiele:

Situation, die im Netzplan abgebildet sein soll:	Art der AOB:
Der Dachstuhl muss montiert sein, bevor das Dach gedeckt werden kann.	Normalfolge
Die Fertigung muss abgeschlossen sein, bevor alle Bauteile montiert werden können.	Normalfolge
Die Programmierung muss abgeschlossen sein, bevor getestet werden kann.	Normalfolge
Die Verputzarbeiten können erst enden, wenn die Installationsarbeiten bereits zu Ende sind.	Endfolge
Die Konstruktion muss beendet sein, damit die letzten Bestellungen gemacht werden können.	Endfolge
Die Programmtests müssen abgeschlossen sein, damit die Auswertungen abgeschlossen werden können.	Endfolge
Das Anliefern von Beton muss erst begonnen haben, bevor betoniert werden kann.	Anfangsfolge
Die Erstellung von Stücklisten kann erst beginnen, wenn die Konstruktion bereits begonnen hat.	Anfangsfolge
Die Programmierung muss begonnen haben, damit die Programmdokumentation erstellt werden kann.	Anfangsfolge

Zusätzlich kann jeder Anordnungsbeziehung ein sog. Zeitwert zugeordnet werden. Dieser bedeutet, dass die beiden durch die AOB verbundenen Arbeitspakete entweder um einen bestimmten Zeitraum auseinander liegen (positiver Zeitwert) oder sich überlappen (negativer Zeitwert). Besonders häufig werden positive Zeitwerte in Verbindung mit End- oder Anfangsfolgen verwendet:

Situation, die im Netzplan abgebildet sein soll:	Art der AOB:
Das Arbeitspaket „Bestellungen" darf frühestens drei Tage nach Ende der „Konstruktion" enden.	EF +3t
Das Arbeitspaket „Programmdokumentation erstellen" kann erst fünf Tage nach Start der „Programmierung" beginnen.	AF +5t

So ermitteln Sie den kritischen Pfad und Puffer

Der kritische Pfad ist die Verbindung aller kritischen Arbeitspakete in einem Netzplan. Ein Arbeitspaket ist dann kritisch, wenn früheste und späteste Lage identisch sind.

Vorwärts-/Rückwärtsrechnung

Die früheste Lage eines Arbeitspakets wird während der Vorwärtsrechnung ermittelt. Dabei wird für jedes Arbeitspaket berechnet, wann es frühestens beginnen (abhängig von seinen Vorgängern) bzw. enden (frühester Beginn + Vorgangsdauer) kann. Anschließend erfolgt die Rückwärtsrechnung. Hier wird für jedes Arbeitspaket festgestellt, wann es spätestens enden muss, um seine Nachfolger nicht mehr zu verschieben. Zieht man davon die Dauer ab, erhält man den spätesten Startzeitpunkt. Spätester Start- und Endzeitpunkt zusammen werden die späteste Lage genannt.

Arbeitspakete, die nicht auf dem kritischen Pfad liegen, bei denen also früheste und späteste Lage nicht identisch sind, haben einen Puffer.

Der Zusammenhang von Balken- und Netzplan

Der Balkenplan (siehe Grafik) dient in erster Linie zur Visualisierung der Terminplanung. Die Terminplanung ergibt sich aus der Netzplanrechnung – das bedeutet, dass der Balkenplan vor allem die Ergebnisse aus der Netzplanrechnung in einer weniger abstrakten, leicht verständlichen Form darstellt.

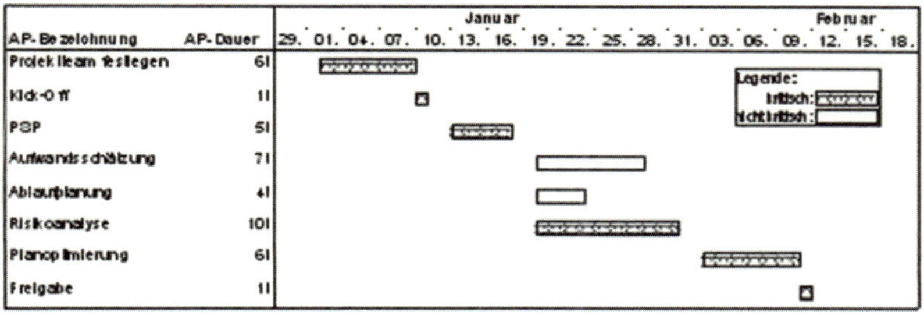

Abb. 7: Balkenplan

Der Zusammenhang von Netz- und Balkenplan

Netzplan	Balkenplan
dient vor allem zur Steuerung und Simulation der Projektplanung	dient vor allem zur übersichtlichen Darstellung der Terminplanung
Eine Selektion oder Sortierung der enthaltenen Arbeitspakete ist nicht sinnvoll.	Die enthaltenen Arbeitspakete können einfach selektiert und sortiert werden.
zeigt in erster Linie die logischen Abhängigkeiten zwischen den Arbeitspaketen	zeigt in erster Linie die zeitliche Lage von Arbeitspaketen
ist für Präsentationen aufgrund seiner Komplexität ungeeignet	ist auch für Präsentationen geeignet

„Vernetzter Balkenplan“

Eine Mischform zwischen Balken- und Netzplan ist der sog. „vernetzte Balkenplan“ (siehe Grafik). In ihm werden neben der zeitlichen Lage der Arbeitspakete auch die Anordnungsbeziehungen dargestellt. Dies ist vor allem für kleinere oder wenig vernetzte Projekte ein guter Kompromiss. Allerdings wird der vernetzte Balkenplan ab einer gewissen Größe auch sehr schnell unübersichtlich, da die eingezeichneten AOBs dann eher verwirren, anstatt Klarheit zu schaffen.

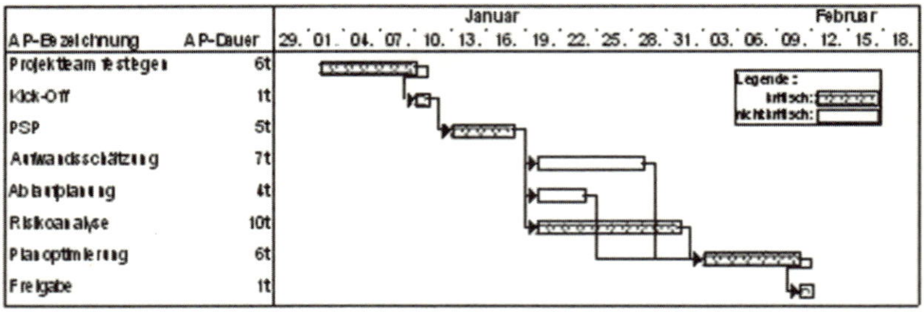

Abb. 8: Vernetzter Balkenplan

Projektkostenplanung, um im Projektbudget zu bleiben

In der Regel ist mit der offiziellen Erteilung eines Projektauftrags auch die Freigabe eines bestimmten Projektbudgets verbunden. Der Projektleiter ist dafür verantwortlich, im Rahmen dieses Projektbudgets das vereinbarte Projektziel zu erreichen.

Voraussichtliche Projektkosten

Um die Höhe des Projektbudgets zu verifizieren, ist eine Abschätzung der voraussichtlichen Projektkosten notwendig. Erst danach ist eine fundierte Aussage möglich, wie viel die Realisierung des Projektziels voraussichtlich kosten wird. Liegen die voraussichtlichen Projektkosten über dem Projektbudget, muss der Projektleiter dies sofort mit dem Auftraggeber abstimmen. Wird eine entsprechende Budgetkorrektur abgelehnt, sollte dies auch von Auftraggeberseite sachlich zu begründen sein. Stimmen Kostenplanung und Projektbudget überein, so ist die Kostenplanung die Basis für eine kostenorientierte Projektsteuerung.

Die Projektkostenplanung beschäftigt sich ausschließlich mit den für die Abwicklung des Projekts anfallenden Kosten. Davon zu unterscheiden sind die **Produktkosten**, die z.B. für die spätere Herstellung oder Betreuung eines (im Rahmen des Projekts entwickelten) Produkts anfallen. Vor allem im Bereich der technischen Produktentwicklung gibt es hier eigene Methoden (z.B. target costing, Wertanalyse), um auch die Produktkosten im Rahmen der Projektrealisierung zu steuern.

Wie kommen Sie zu einer fundierten Projektkostenplanung?

Basis für die Projektkostenplanung ist der Projektstrukturplan (siehe Kap. Projektstrukturierung), der eine vollständige Aufstellung aller für die Erreichung des Projektziels notwendigen Arbeitspakete beinhaltet. Deshalb reicht es aus, wenn die Kosten für die Realisierung aller Arbeitspakete bekannt sind – die Summe ergibt die geplanten Projektkosten.

Kostenartenrechnung

Zur Planung der Arbeitspaketkosten wird in erster Linie die Kostenartenrechnung angewandt. Dazu kann auf die Kostenarten des betrieblichen Rechnungswesens zurückgegriffen werden. Falls dies zu detailliert oder aus anderen Gründen ungeeignet ist, empfehlen sich folgende Kostenarten:

Kostenarten

Kostenart	Bedeutung
Personalkosten	Dazu gehört der bereits im Rahmen der Aufwandsschätzung geplante Aufwand der einzelnen Ressourcen. Dieser wird einfach mit dem entsprechenden Verrechnungssatz multipliziert, um die Personalkosten zu bekommen.
Materialkosten	Dies sind alle (Verbrauchs-)Materialien (z.B. Baumaterial, Rohstoffe für die Herstellung von Prototypen, Druck- und Papierkosten für die Erstellung eines Prospekts), die gekauft werden müssen, damit ein Arbeitspaket abgearbeitet werden kann.
Gerätekosten	Dies sind Kosten für die Anschaffung von Geräten (z.B. eine Baumaschine, Messgeräte, ein neuer PC oder eine neue Software) zur Unterstützung des Projekts. Da diese Geräte in der Regel über das Projektende hinaus genutzt werden, ist es sinnvoll, die Anschaffungskosten nur anteilmäßig auf das Projektbudget anzurechnen.
Sonstige Kosten	Dazu gehören Kosten, die den obigen drei Kategorien nicht zugeordnet werden können, wie bspw. Reisekosten, Aufwendungen für Geschenke o.Ä.

Direkt zuordenbare Kosten

Diese vier Kostenarten sind dem Projekt direkt zuordenbar. Im Unternehmen anfallende Gemeinkosten wie bspw. Miete für Betriebsgebäude, Heizung, Strom, Raumpflege etc. sind in der Regel bereits über den Verrechnungssatz des Personals abgedeckt und werden nicht gesondert auf Projekte umgelegt.

Formular Kostenplanung

<table>
<tr><th colspan="5">Planung der Arbeitspaketkosten</th></tr>
<tr><td>Projekt-Nr.:</td><td colspan="2">Projektbezeichnung:</td><td colspan="2">Projektleiter:</td></tr>
<tr><td>AP-Nr.:</td><td colspan="2">AP-Bezeichnung:</td><td colspan="2">AP-Verantwortlicher:</td></tr>
<tr><td>Kostenart</td><td>Bearbeiter/Ressource</td><td>Anzahl Mengen-einheiten</td><td>Euro je Mengen-einheit</td><td>Summe Euro</td></tr>
<tr><td>Personal-kosten</td><td></td><td></td><td></td><td></td></tr>
<tr><td></td><td></td><td></td><td></td><td></td></tr>
<tr><td></td><td></td><td></td><td></td><td></td></tr>
<tr><td></td><td></td><td></td><td></td><td></td></tr>
<tr><td>Material-kosten</td><td></td><td></td><td></td><td></td></tr>
<tr><td></td><td></td><td></td><td></td><td></td></tr>
<tr><td></td><td></td><td></td><td></td><td></td></tr>
<tr><td></td><td></td><td></td><td></td><td></td></tr>
<tr><td>Geräte-kosten</td><td></td><td></td><td></td><td></td></tr>
<tr><td></td><td></td><td></td><td></td><td></td></tr>
<tr><td></td><td></td><td></td><td></td><td></td></tr>
<tr><td></td><td></td><td></td><td></td><td></td></tr>
<tr><td>Sonstige Kosten</td><td></td><td></td><td></td><td></td></tr>
<tr><td></td><td></td><td></td><td></td><td></td></tr>
<tr><td></td><td></td><td></td><td></td><td></td></tr>
<tr><td></td><td></td><td></td><td></td><td></td></tr>
<tr><td>Summe:</td><td></td><td></td><td></td><td></td></tr>
</table>

Planoptimierung

Die bisher erstellte Planung berücksichtigt noch nicht das Umfeld des Projekts. So wurden bis jetzt weder die evtl. mit dem Auftraggeber vereinbarten Meilensteintermine eingearbeitet noch die Verfügbarkeit von Ressourcen berücksichtigt. Bei der Planoptimierung wird dies ganz systematisch nachgeholt.

Nach dieser Größe optimieren Sie den Projektplan

Die für eine Planoptimierung relevanten Größen können sich auf eine oder mehrere der drei wichtigsten Planungselemente beziehen:

- **Ressourcen**
  z.B. durch die begrenzte Verfügbarkeit, Urlaub oder anderweitig geplante Abwesenheiten
- **Termine**
  z.B. in Form von bereits mit dem Auftraggeber vereinbarten Meilensteinterminen, die in die Planung mit einzuarbeiten sind
- **Kosten**
  z.B. durch eine Liquiditätsplanung bei großen Bauprojekten

Gehen Sie bei der Planoptimierung nach Ressourcen

Hauptinteresse bei der Optimierung eines Projektplans wird in der Regel die Auslastung von Ressourcen sein. Um diese mit in den Projektplan einzubinden, wird das sog. Belastungsdiagramm (auch Ressourcenhistogramm oder Ressourcengrafik genannt) angewendet.

Zwei Grundelemente

Jedes Belastungsdiagramm besteht aus zwei Grundelementen:

- der **Ressourcenverfügbarkeit**
  (in der Grafik die gestrichelte Linie) und
- dem **Ressourcenbedarf**
  (in der Grafik die schraffierten Flächen)

Die Ressourcenverfügbarkeit bildet die voraussichtliche Kapazität ab, mit der die Ressource (also z.B. ein Mitarbeiter) für das Projekt zur Verfügung steht. Ist der MA in Urlaub, sinkt die Linie auf Null.

Der Ressourcenbedarf ergibt sich aus der bisherigen Planung: Die Größe der Fläche spiegelt den geschätzten Aufwand wider (siehe Kap. Aufwandsschätzung), die zeitliche Lage ergibt sich aus der Netzplanrechnung (siehe Kap. Ablaufplanung).

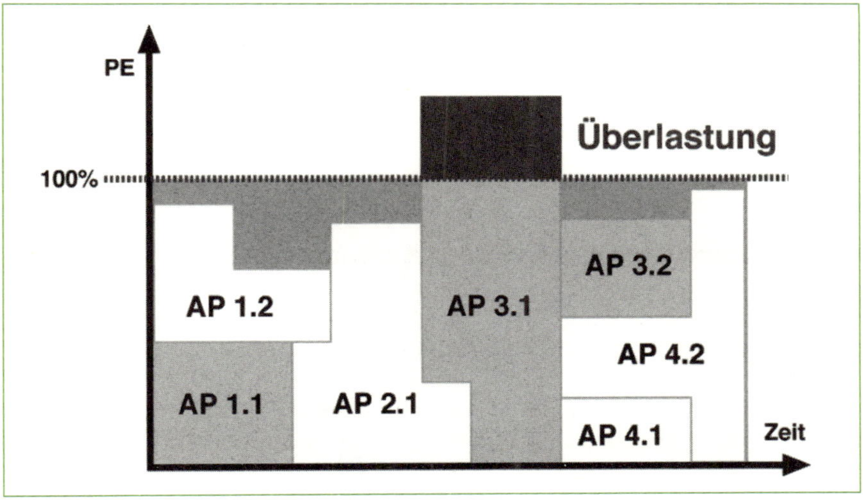

Abb. 9: Belastungsdiagramm

Die Gegenüberstellung von Verfügbarkeit und Bedarf gibt Auskunft darüber, ob der geplante Aufwand in der dafür vorgesehenen Zeit erbracht werden kann. Übersteigt der Bedarf die Verfügbarkeit (wie in der Grafik zu sehen), ist die Planung so nicht realisierbar. Sie muss nochmals optimiert werden. Prinzipiell gibt es dafür zwei Möglichkeiten.

Termintreue Planung

Die Verfügbarkeit wird geändert, weil der Termin beibehalten werden muss.

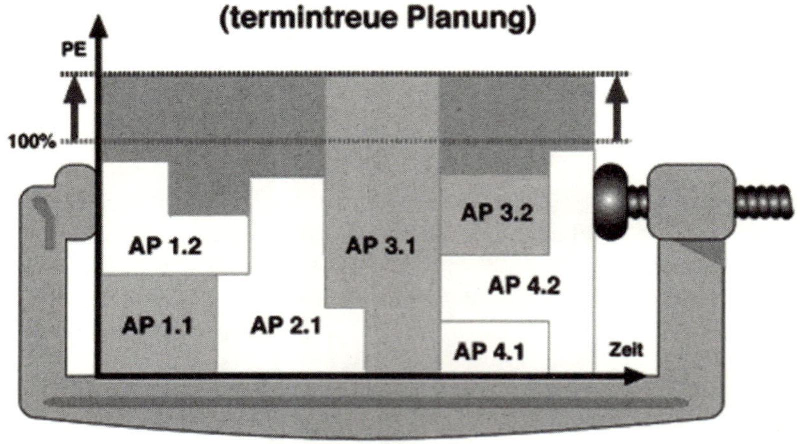

Abb. 10: Termintreue Planung

Ressourcen- oder kapazitätstreue Planung

Die Termine werden geändert und Aufgaben nach hinten geschoben, weil die Verfügbarkeit nicht erhöht werden kann – ressourcen- oder kapazitätstreue Planung.

Führen beide Planungsansätze nicht zum Ziel, nämlich das geforderte Ergebnis (Projektziel) in der geforderten Zeit zu erbringen, kann nur noch die Höhe des Aufwands (im Diagramm die schraffierte Fläche), also das Arbeitsvolumen, reduziert werden – z.B. durch Verminderung des Auftragsumfangs oder der Qualität.

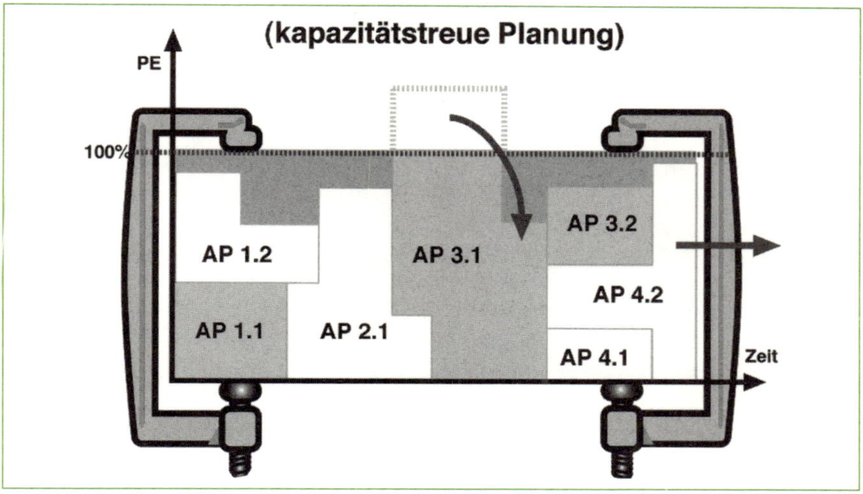

Abb. 11: Kapazitätstreue Planung

„Mulitprojekt"-Modus

Bei der kapazitätstreuen Planung bieten viele PM-Tools Algorithmen zur Optimierung der Ressourcenauslastung an, die auch projektübergreifend im sog. „Multiprojekt"-Modus (also für mehrere Projekte gleichzeitig) funktionieren. Je nach Programm sind die Ergebnisse dieser Optimierungsalgorithmen mehr oder weniger brauchbar.

Gehen Sie bei der Planoptimierung nach Terminen vor

Ziel ist es, die evtl. bereits vereinbarten Termine in die Planung mit einzubeziehen, insbesondere Meilensteine (siehe Kap. Meilensteine), für die bereits ein Termin vereinbart wurde (z.B. „Pilotversion ist fertig gestellt bis 15.7."). Prinzipiell bedeutet das manuelle Festlegen von Terminen immer ein Eingreifen in die Netzplanlogik – was eigentlich vermieden werden sollte, um dem Netzplanalgorithmus maximale Freiheit zu gewähren. Meilensteine sind jedoch wichtig, um ein Frühwarnsystem aufzubauen, das bereits vor der Gefährdung des Projektendtermins greift.

Beispiel

Ein Meilenstein kann laut Netzplanterminierung frühestens am 15.08. abgeschlossen sein. Laut Vereinbarung mit dem Auftraggeber muss der Meilenstein spätestens am 01.09. erreicht sein. Fügt man diese Bedingung in den Netzplan ein (spätestes Ende des Meilensteins am 01.09.), erhalten alle Vorgänge, die im Pfad vor dem Meilenstein liegen, zwei Wochen Puffer. Sind diese zwei Wochen Puffer aufgebraucht (bspw. durch unvorhergesehene Verzögerungen), werden die Vorgänge kritisch.

Gehen Sie bei der Planoptimierung nach Kosten vor

Eine Optimierung des Plans nach Kostenanfall kommt meist nur in Spezialfällen bei sehr großen Projekten vor. Hier kann es aber durchaus von Bedeutung sein, bestimmte kostenintensive Arbeitspakete so spät wie möglich zu beginnen – schließlich sind evtl. hohe Finanzierungskosten zu übernehmen.

Basis ist der Netzplan

Basis ist auch hier der Netzplan. Ähnlich wie bei der Optimierung nach Ressourcen können die nicht kritischen Arbeitspakete nach hinten geschoben werden, um einen besseren Zahlungsverlauf zu erhalten. Zur Visualisierung wird z.B. eine Gegenüberstellung von geplanten Projektkosten und Zahlungseingang verwendet.

Risikomanagementplanung für ein kalkulierbares Projektrisiko

Die Planung des Risikomanagementprozesses soll sicherstellen, dass dieser dem Risiko und der strategischen Bedeutung des Projekts für das Unternehmen angemessen ist. Der Risikomanagementplan beschreibt, wie die Identifikation, qualitative und quantitative Analyse, Maßnahmenplanung, Verfolgung und Kontrolle von Risiken strukturiert und über den gesamten Lebenszyklus des Projekts durchgeführt werden (PMBOK).

Der Risikomanagementplan kann Folgendes beinhalten:

- **Methoden**
  Definition, welche Methoden, Werkzeuge und Datenquellen im konkreten Projekt zur Anwendung kommen. In unterschiedlichen Projektphasen können durchaus verschiedene Methoden angemessen sein.
- **Rollen und Verantwortlichkeiten**
  Definition und Besetzung der Rollen für die Aktionen gemäß Risikomanagementplan
- **Budget**
  Für das Risikomanagement wird ein Budgetrahmen genehmigt.
- **Zeitplan**
  Legt fest, wie oft im Projektlebenszyklus der Risikomanagementprozess durchgeführt wird. Diese Festlegung soll periodisch überprüft werden.
- **Berechnung und Interpretation**
  Definition der Berechnungs- und Interpretationsmethoden, die bei den verschiedenen Typen von qualitativen und quantitativen Risiken zur Anwendung kommen. Die Vorab-Festlegung sichert die Konsistenz des Risikomanagements.
- **Schwellenwerte**
  Festlegung akzeptabler Schwellenwerte, da diese in der Regel bei verschiedenen Stakeholdern unterschiedlich stark ausgeprägt sind.
- **Berichtsformate**
  Beschreiben Inhalt und Format des Risikomaßnahmenplans. Wie die Ergebnisse des Risikomanagementprozesses dokumentiert, analysiert und an die Stakeholder kommuniziert werden.

Integrationsmanagement zum Zusammenführen der Projektelemente

Integrationsmanagement ist die Koordinierung der unterschiedlichen Elemente des Projekts. In der Projektplanungsphase wird durch das Integrationsmanagement der Projektplan generiert, der die Ergebnisse der verschiedenen Planungsprozesse zu einem schlüssigen und zusammenhängenden Dokument integriert, das die Projektausführung und -steuerung lenkt. Der Projektplan kann sowohl ein Dokument als auch eine aufeinander abgestimmte Dokumentensammlung sein.

Sinn des Projektplans

Der Projektplan dient (PMBOK)

- **der Steuerung der Projektausführung**
- **der Dokumentation der Projektplanungsannahmen**
- **der Dokumentation der Planungsentscheidungen und der Alternativen**
- **der Erleichterung der Kommunikation**
- **der Festlegungen von Inhalt, Umfang und Terminierung der Schlüsselreviews des Managements**
- **als Basisplan für die Messung der Projektleistung und der Projektsteuerung**

Komponenten des Projektplans

Die sinnvolle Strukturierung des Projektplans hängt u.a. von der Art und dem Umfang des konkreten Projekts ab. Üblicherweise beinhaltet er folgende Punkte (PMBOK):

- **Projektauftrag**
- **Beschreibung des Projektmanagementansatzes oder der -strategie (Zusammenfassung der einzelnen Managementpläne aus anderen Wissensgebieten)**

- **Beschreibung des Inhalts und Umfangs einschließlich der Projektliefergegenstände und der Projektziele**
- **Projektstrukturplan bis zu der Ebene, auf der die Steuerung stattfindet**
- **Kostenschätzung, geplante Anfangstermine und Verantwortungszuweisungen der Arbeitspakete**
- **Basispläne zur Fortschrittsmessung von Terminen und Kosten**
- **Meilensteine mit Terminen**
- **Schlüsselpersonal oder erforderliche Mitarbeiter**
- **Hauptrisiken mit Einschränkungen und Annahmen sowie die geplanten Reaktionen**
- **offene Punkte**

Risikoanalyse

Aufgabe der Risikoanalyse ist es, Faktoren, die eine Gefahr für den Projekterfolg (die im Projektauftrag definierte Leistung in geplanter Zeit mit den geplanten Ressourcen im vorgegebenen Budget zu erbringen) darstellen, zu identifizieren, zu bewerten und entsprechende Gegenmaßnahmen vorzubereiten bzw. einzuleiten.

Zu unterscheiden sind:

- **Projektrisiken = projektimmanente Risiken:**
  Risiken, die sich aus der Projektabwicklung, also aus dem Prozess heraus ergeben und
- **Produktrisiken = produktimmanente Risiken:**
  Risiken, die sich aus dem zu erstellenden Produkt, also dem neuen Motor oder der neuen Organisationsform ergeben.

Im Rahmen der Seminardokumentation wird im Weiteren auf die Projektrisiken eingegangen. Zum Risikomanagement der Produktrisiken existieren je nach Produktart (technische Produkte, Software, Anlagenbau etc.) meist sogar firmenspezifische Konzepte (z.B. FMEA), die in der Regel Bestandteil des Qualitätsmanagements sind.

So finden Sie Projektrisiken heraus

Der erste Schritt der Risikoanalyse ist die Risikofindung. Ziel ist es, alle denkbaren Gefahren für den Projekterfolg zu identifizieren. Hierfür gibt es zwei Quellen:

- **Kreativität**
  Hier können Kreativitätstechniken sinnvoll eingesetzt werden, wie z.B. Brainstorming.
- **Erfahrungen**
  Sie werden meist in Form von Checklisten „konserviert" und lassen sich auch über Expertenbefragungen „anzapfen".

Typische Projektrisiken

Typische Projektrisiken sind z.B.:

- **Ausfall von wichtigen Mitarbeitern während der Projektabwicklung durch Krankheit, Kündigung etc.**
- **Nichteinhaltung zugesagter Termine**
- **fehlende Akzeptanz bei den potenziellen Nutzern des Produkts**
- **zu optimistische Planung**
- **Verzögerung aufgrund unklarer Definition der Projektrollen und daraus resultierender Kompetenzkonflikte**
- **interpersonelle Konflikte zwischen Teammitgliedern**

> Eine sinnvolle Basis für die Risikofindung ist der Projektstrukturplan, den man auf jeder Ebene nach Projektrisiken absuchen kann!

Bewerten Sie Projektrisiken richtig

Ein Risiko ist immer dann ein hohes Risiko, wenn zwei Eigenschaften erfüllt sind:

- **Die Wahrscheinlichkeit, dass das Risiko eintritt, ist hoch.**
- **Die Auswirkungen bei Eintreten des Risikos sind hoch.**

Dementsprechend ist es sinnvoll, die gefundenen Projektrisiken in ein Portfolio einzutragen.

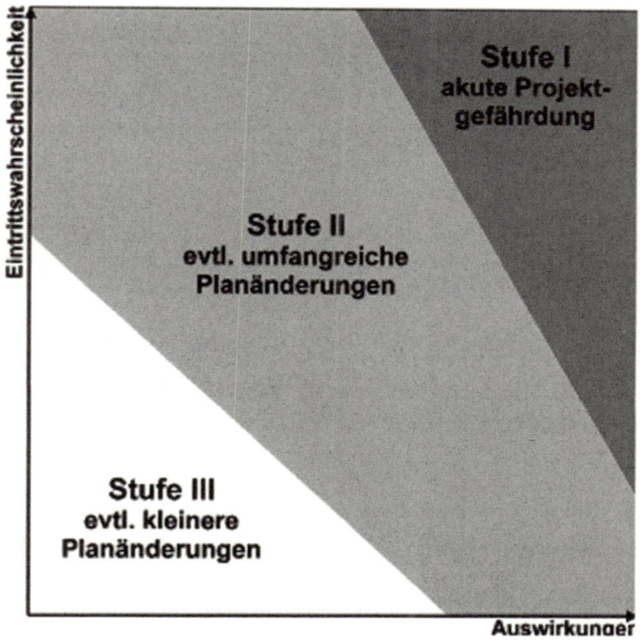

Abb. 12: Projektrisiken-Portfolio

Stufe I Risiken gefährden akut das Projekt und können sogar zum Abbruch führen; evtl. ist eine Neuplanung erforderlich.

Stufe II Risiken können umfangreiche Planänderungen erfordern.

Stufe III Risiken erfordern lediglich kleinere Plankorrekturen.

Es empfiehlt sich, bei der Planung die „Top Ten" der Risiken aufzustellen und diese bspw. monatlich zu aktualisieren – allein die gedankliche Beschäftigung mit möglichen Risiken verkürzt die Reaktionszeit beim tatsächlichen Eintreten erheblich!

Möglichkeiten zur Reduzierung des Projektrisikos

Maßnahmen zur Beherrschung von Risiken können entweder die Eintrittswahrscheinlichkeit reduzieren oder die Auswirkungen bei Eintreten eines Risikos mindern. Sowohl Präventiv- (Risikominimierung im Vorfeld) als auch Korrektivmaßnahmen (Notfallplanung) sind möglich.

In jedem Fall ist zu beachten:

Ein Projekt ohne jedes Risiko wird es nicht geben. Wichtig ist jedoch, sich der Risiken, die das Projekt birgt, bewusst zu sein. **Nicht *keine*, sondern die *richtigen* Risiken sind zu tragen!**

Versuchen Sie, die Ursache für das Auftreten eines Risikos zu finden und zu dokumentieren – das erlaubt es Ihnen, das Übel an der Wurzel zu packen!

Qualitätsplanung unterstützt die Projektplanung

Unterstützender Schlüsselprozess

Die Qualitätsplanung ist der unterstützende Schlüsselprozess bei der Projektplanung. Er erstreckt sich auf die Definition von Qualitätsstandards für das Projekt sowie für das Projektmanagement und die Planung der Umsetzung dieser Standards. Der Prozess der Qualitätsplanung sollte parallel zu den übrigen Planungsprozessen durchgeführt werden.

Zur Planung der Qualität des Projektmanagements hat sich neben Kennzahlen und Checklisten vor allem der Projektmanagementleitfaden bewährt.

Der Projektmanagementleitfaden

Aufgabe des Projektmanagementleitfadens ist es, unternehmensspezifische und -einheitliche Standards für das Projektmanagement zu definieren. Er sichert, dass im Unternehmen ein gemeinsames Verständnis des Projektmanagements herrscht sowie ein einheitliches Vorgehen im Projektmanagementprozess. Dies erhöht die Qualität des Projektmanagements in allen Bereichen, vor allem erleichtert es auch die Erfahrungssicherung.

Um die gewünschte Wirkung erzielen zu können, muss der Leitfaden benutzerfreundlich gehalten sein, d.h., er darf nicht überregulieren und er soll nicht bereits durch seinen Umfang abschrecken (und damit an einem unbekannten Ort im Unternehmen verstauben).

Ein Projektmanagementleitfaden könnte folgenden Inhalt haben:

1. **Vorwort der Geschäftsleitung**
2. **Einführung**
3. **Definitionen**
4. **Projektorganisation**
   4.1 Projekteinzelorganisation
   4.2 Projektrahmenorganisation
   4.3 Einordnung in die Linienorganisation
5. **Projektablauf**
   5.1 Definitionsphase
   5.2 Konzeptionsphase
   5.3 Realisierungsphase
   5.4 Änderungen des Projektauftrags
6. **Multiprojektmanagement**
7. **Methoden**
   7.1 Projektstart
   7.2 Projektplanung
   7.3 Projektausführung
   7.4 Projektsteuerung
   7.5 Projektabschluss
8. **Informationswesen und Dokumentation**
9. **Arbeitshilfen**
10. **Verantwortlichkeit für die Pflege des Leitfadens**

Kommunikationsplanung verhindert Informationsverluste

Die Kommunikationsplanung ist die Voraussetzung dafür, dass die Projektbeteiligten die für sie relevanten Informationen rechtzeitig und zuverlässig erhalten. Dazu ist festzustellen, wer welche Informationen wo und wann und in welcher Form benötigt, sowie wer im Besitz dieser Informationen ist. Zudem ist eine Entscheidung zu treffen, wie die Informationen übermittelt werden sollen bzw. welche Kommunikationstechnologie benutzt wird.

Kommunikationsmanagementplan

Die Kommunikationsplanung wird im Kommunikationsmanagementplan dokumentiert. Darin ist Folgendes enthalten (PMBOK):

- **Erfassungs- und Ablagesystem**
  Welche Verfahren werden eingesetzt, um die Informationen zu sammeln und zu speichern?
- **Verteiler**
  Wer erhält welche Informationen in welcher Form?
- **Beschreibung der Informationen**
  Format, Inhalt, Detaillierungsgrad
- **Termine**
  Wann werden die verschiedenen Berichte erstellt?
- **Verfahren für den Zugang zu Informationen zwischen den geplanten Berichten**
- **Verfahrung zur Weiterentwicklung des Projektmanagementplans im Verlauf des Projekts**

Informationsflussmatrix

Als hilfreich hat sich eine Informationsflussmatrix erwiesen, die die wichtigsten Informationen über die Informationsstruktur übersichtlich darstellt. Unabhängig von der konkreten Kommunikationsplanung ist darauf zu achten, dass der Projektleiter als wichtigste Rolle den Informationsknoten bildet.

Ausführungs-
prozesse

Die Ausführungsprozesse können wieder in Lern- und Unterstützungsprozesse unterteilt werden. Die Ausführung des Projektplans bildet dabei den Kernprozess, während Qualitätssicherung und Teamentwicklung die Unterstützungsprozesse darstellen.

Vollständige Umsetzung des Projektplans

Die Umsetzung des Projektplans ist der wichtigste Prozess des Projektmanagements, der nichtsdestotrotz häufig nicht einmal am Rande Erwähnung findet. Im Wesentlichen handelt es sich dabei um den Prozess der Koordination der verschiedenen technischen und organisatorischen Einheiten, die im Rahmen des Projekts zusammenarbeiten. Methoden, Werkzeuge und Verfahren der Projektplanausführung sind (PMBOK):

Methoden, Werkzeuge und Verfahren

- **allgemeine Managementfähigkeiten**
- **Kenntnisse des Projektmanagements**
- **System der Arbeitspaketfreigabe**
  ein formelles Verfahren, das sicherstellt, dass die Arbeit an einem Arbeitspaket zur rechten Zeit und in der richtigen Reihenfolge durchgeführt wird. Zentrales Element ist ein System der schriftlichen Genehmigung der Arbeitsaufnahme an den Arbeitspaketen.
- **regelmäßige Treffen zur Statusüberprüfung**
  dienen dem Informationsaustausch über das Projekt
- **Projektmanagementinformationssystem**

Qualitätssicherung für alle Tätigkeiten

Qualitätssicherung umfasst alle geplanten und systematischen Tätigkeiten, die innerhalb des QM-Systems verwirklicht sind, und die wie erforderlich dargelegt werden, um ausreichendes Vertrauen zu schaffen, dass ein Projektmanagement die Qualitätsanforderungen erfüllen wird. (DIN EN ISO 8402)

Qualitätsaudits

Die Qualitätssicherung baut auf dem Qualitätsmanagementplan auf. Eine Methode zur Sicherstellung der Qualität des Projektmanagements sind Qualitätsaudits. In ihnen wird das Projektmanagement des Unternehmens von unabhängiger Seite untersucht.

Als Grundlage dient der Projektmanagementleitfaden:

- **Entsprechen die tatsächlichen Abläufe den geplanten?**
- **Sind die geplanten Abläufe zielführend und angemessen?**

Es wird also untersucht, ob die laut Leitfaden geplanten Abläufe auch eingehalten werden, sowie ob diese Verbesserungspotenzial beinhalten.

Benchmarking

Eine weitere Methode zur Verbesserung der Qualität des Projektmanagements ist Benchmarking. Als Orientierungspunkt (bench mark) werden die besten Praktiken anderer Bereiche oder Unternehmen gewählt. Das Benchmarking gründet somit auf dem Vergleich eigener Ergebnisse mit den besten Arbeitsmethoden in anderen Bereichen oder Unternehmen.

Quality Function Deployment (QFD)

Eine Methode zur Qualitätssicherung des Projektgegenstands basiert auf Quality Function Deployment (QFD). Das Vorgehen:

1. **Bereits in der Projektplanung werden die Kundenanforderungen in messbare Produktmerkmale umgesetzt.**
2. **Die kritischen Produktmerkmale werden in Qualitätsmerkmale überführt.**

3. **Aus den kritischen Baugruppenmerkmalen werden Prozessmerkmale für Prozess- und Prüfablaufpläne ermittelt.**
4. **Die kritischen Prozessmerkmale werden in Arbeits- und Prüfanweisungen übertragen.**

Teamentwicklung ist über die gesamte Projektdauer notwendig

Teamentwicklung ist ein das gesamte Projekt begleitender Prozess. Die Bedeutung des Teams kann am Grundsatz ermessen werden, dass ein gutes Team methodische Defizite ausgleichen und so ein Projekt noch retten kann, während eine zur effektiven Zusammenarbeit unfähige Ansammlung von Fachkräften mit hoher Wahrscheinlichkeit das Projekt gegen die Wand fährt.

Teamentwicklungsaktivitäten

Anzeichen für einen dringenden Bedarf an Teamentwicklungsaktivitäten sind:

- **Motivationsprobleme im Projektteam**
- **zunehmende Spannungen im Projektteam (gegenseitige Schuldzuweisungen ...)**
- **Kommunikationsprobleme im Team (aggressiver Ton, keine Kommunikation)**
- **Grüppchenbildung**

Es geht bei der Teamentwicklung sowohl um die Förderung der individuellen Fähigkeiten von Teammitgliedern, als auch um die Verbesserung der Funktions- und Leistungsfähigkeit des Teams als Ganzes. Die Methoden zur Teamentwicklung setzen entsprechend beim Projektleiter, den „einfachen“ Teammitgliedern und dem Team an.

Methoden der Teamentwicklung

Einige Beispiele für Methoden der Teamentwicklung

- **Teambildung**
  Ein effektives Instrument der Teambildung ist die Einbeziehung des gesamten Teams bei der Zielformulierung und Projektplanung. Schulungen oder projektbegleitende Seminare, die an der Beziehungsebene und an den sozialen Fähigkeiten der Teammitglieder ansetzen, sind ein weiteres Beispiel. Häufig kann schon alleine durch die Einrichtung eines Projektbüros als Ort der Kommunikation das Gemeinschaftsgefühl gestärkt und die Zusammenarbeit verbessert werden. Es kann aber auch erforderlich werden, Teammitglieder auszutauschen, wenn eine Zusammenarbeit nicht möglich erscheint.
- **Fachliche Weiterbildung**
  Falls im Laufe des Projekts fachliche Defizite den Projekterfolg gefährden, können diese durch Weiterbildungsmaßnahmen behoben werden. Dies steigert zudem die Motivation der Teammitglieder.
- **Entlohnungssystem**
  Neben der Anerkennung guter Leistungen durch Vorgesetzte und Mitarbeiter stellt sich die Frage einer angemessenen Bezahlung und Freizeitausgleich. Die Arbeit am Projekt ist häufig durch „Selbstausbeutung" gekennzeichnet. Die meist erforderliche Mehrarbeit sollte sowohl monetär als auch durch die Möglichkeit einer Pause nach Projektende ausgeglichen werden. So können etwa die Einhaltung oder Unterschreitung der Budget- und Terminvorgaben durch Prämien belohnt werden.
- **Konfliktmanagement**
  Ein Projektleiter muss Konflikte im Team frühzeitig erkennen und entschärfen können. Defizite im Konfliktmanagement sind unmittelbar nach Erkennen durch geeignete Maßnahmen (Coaching, Seminare, Moderation durch Dritte) zu beseitigen.
- **Moderationstechniken**
  Zu den Aufgaben des Projektleiters gehört die Moderation von Teamsitzungen. Wie er diese Aufgabe bewältigt, hat einen bestimmenden Einfluss auf die Atmosphäre im Team und den Projektverlauf. Ein Seminar, in dem Moderations- und Kreativitätstechniken vermittelt werden, ist eine gute Investition.

Steuerungsprozesse, um das Projekt in Plan und Budget zu halten

Unter Projektsteuerung (Projektcontrolling) versteht man alle Maßnahmen, die dazu dienen, den tatsächlichen Projektverlauf mit der ursprünglichen Planung in Einklang zu bringen. Der Projektleiter muss agieren und nicht reagieren. Er ist gefordert, das Projekt aktiv zu beeinflussen und damit zu steuern.

Je mehr Zeit der Projektleiter bei der Projektsteuerung darauf verwendet, notwendige Maßnahmen zu treffen und gemeinsam mit seinem Projektteam umzusetzen, desto höher ist die Qualität der einzelnen Steuerungsmaßnahmen und desto mehr Möglichkeiten gibt es, auf Abweichungen zu reagieren.

Frühwarnsystem

Ziel des Projektcontrollings ist es deshalb, ein Frühwarnsystem aufzubauen, das dem Projektleiter möglichst bald und möglichst deutlich aufzeigt, wann eine Reaktion auf Planabweichungen notwendig ist.

Vorgehensweise

Die Projektsteuerung läuft periodisch in sich immer wiederholenden Schritten ab:

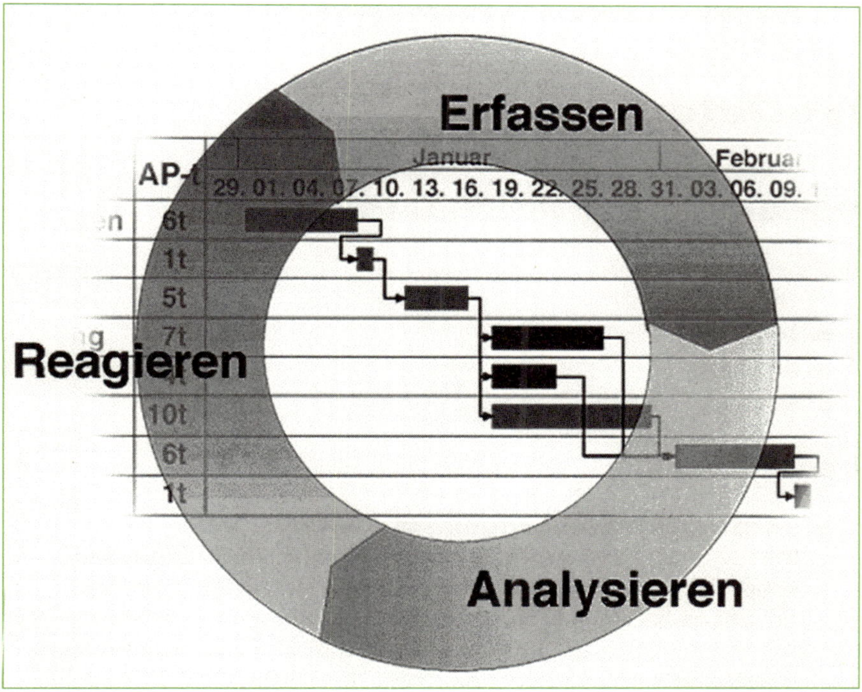

Abb. 13: Projektablauf

- **Erfassung von Ist-Daten**
  Die Basis für jedes Projektcontrolling sind Informationen darüber, wie die Abarbeitung der einzelnen Arbeitspakete läuft. Die Grundlage für die Ist-Datenerfassung ist also ein funktionierendes Berichtswesen.
- **Analyse und Auswertung der Ist-Daten**
  Im zweiten Schritt sind die erhobenen Ist-Daten in Bezug zur Planung zu setzen. Wichtig ist, die Auswirkungen der derzeitigen Situation auf den weiteren Projektverlauf festzustellen.

- **Definition von Steuerungsmaßnahmen bei Planabweichungen**
  Ist bei der Auswertung der Ist-Daten klar geworden, dass die Erreichung des Projektziels gefährdet ist, müssen entsprechende Gegenmaßnahmen getroffen werden, um das Projekt wieder in den Plan zu bringen bzw. den Plan anzupassen.

Ist-Datenerfassung

Parameter der Projektsteuerung

Ist-Daten können sich auf alle Parameter der Projektsteuerung beziehen:

- Termine
- Aufwand
- Kosten

Bei allen Ist-Daten sind zwei Aspekte zu beachten:

- **vergangenheitsbezogene Ist-Daten**
  Dies sind die „klassischen" Ist-Daten, die in vielen Betrieben schon aus betriebswirtschaftlichen Gründen erfasst werden.
  So gibt es häufig eine Ist-Aufwandserfassung, die alle Mitarbeiter z.B. wöchentlich zu führen haben. Aus diesen Daten lassen sich interessante Schlüsse ziehen, bspw. hinsichtlich der Aufteilung des gesamten Abteilungsaufwands auf Neuentwicklungen, Fehlerbehebung, Produktbetreuung, Administration usw.
  Vergangenheitsbezogene Ist-Daten dienen also hauptsächlich der Erfahrungssicherung.
  Die Kernfrage lautet: „Was ist bisher geschehen?"
  Beispiele:
  - Ist-Anfangs- und End-Termin eines Vorgangs
  - bereits angefallene Kosten (Ist-Kosten)
  - bereits geleisteter Aufwand (Ist-Aufwand)

- **zukunftsbezogene Ist-Daten**
  Diese zukunftsbezogenen Informationen sind keine Ist-Daten im betriebswirtschaftlichen Sinn – vielmehr sind es aktualisierte Schätzungen. Diese Angaben (z.B. über einen voraussichtlichen Fertigstellungstermin) sind die Basis, um ein Frühwarnsystem aufzubauen – das Hauptziel der Projektsteuerung! Die Kernfrage hierzu lautet: „Wie werden die verbleibenden Arbeiten zu erledigen sein?"
  Beispiele:
  - **voraussichtlicher Fertigstellungstermin eines Arbeitspakets**
  - **voraussichtlicher Restaufwand**
  - **voraussichtlich noch anfallende Kosten**

Fazit
Die Frage nach dem voraussichtlichen weiteren Projektverlauf ist für die aktive Steuerung eines Projekts wichtiger als die Frage nach der Vergangenheit!

Der Fertigstellungsgrad zeigt den Fortschritt in Projekten

Der Fertigstellungsgrad beschreibt, wie weit eine Aufgabe (oder – verdichtet – ein Projekt) bereits fortgeschritten ist. Er ist eine interessante Kennzahl zur Berichterstattung.

Es gibt einen zeitlichen und einen leistungsmäßigen Fertigstellungsgrad (= FG):

FG (zeitl.) = Ist-Dauer × 100/voraussichtliche Gesamtdauer
FG (leistungsm.) = Ist-Aufwand × 100/voraussichtlicher Gesamtaufwand

Nicht empfohlen werden kann die Verwendung des FG bei der Ermittlung der Ist-Daten:

Auf die Frage „Zu wie viel Prozent sind Sie bereits fertig?" bekommt man häufig die Antwort „Zu 90 %!". Hier wird jeder erfahrene Projektleiter sofort misstrauisch – häufig ist nämlich die Angabe „zu 90 % fertig" nicht gleichbedeutend mit „noch 10 % zu erledigen" – das sog. „90-%-Syndrom" hat sich ausgewirkt. Dies ist ein rein psychologisches Problem. Denn mit der scheinbar exakten Zahl 90 % soll nur ausgedrückt werden, dass schon sehr viel erledigt ist, ein bestimmter Rest aber noch verbleibt.

Fazit

Der Fertigstellungsgrad ist eine interessante Kennzahl, die sich leicht aus den erhobenen Ist-Daten berechnen lässt. Zu vermeiden ist aber die direkte Frage nach dem Fertigstellungsgrad – sie kann allzu leicht zu Missverständnissen führen!

Formular Ist-Daten-Erfassung

<table>
<tr><th colspan="11">Ist-Daten</th></tr>
<tr><td colspan="2">Projekt-Nr.:</td><td colspan="4">Projektbezeichnung:</td><td colspan="2">Rückmelde-
periode:</td><td colspan="3">zust. Mitarbeiter:</td></tr>
<tr><td colspan="2">AP-Nr.</td><td colspan="6">AP-Bezeichnung</td><td colspan="3">Status AP
o im Plan
o nicht im Plan</td></tr>
<tr><td colspan="2">Anfangs-
termin</td><td colspan="3">Endtermin</td><td colspan="3">Aufwand [PT]</td><td colspan="3">Kosten (ohne
Ress.-Kosten)</td></tr>
<tr><td>PLAN</td><td>IST</td><td>PLAN</td><td>IST</td><td>VOR.*</td><td>PLAN</td><td>IST</td><td>REST</td><td>PLAN</td><td>IST</td><td>REST</td></tr>
<tr><td></td><td></td><td></td><td></td><td></td><td></td><td></td><td></td><td></td><td></td><td></td></tr>
<tr><td colspan="2">AP-Nr.</td><td colspan="6">AP-Bezeichnung</td><td colspan="3">Status AP
o im Plan
o nicht im Plan</td></tr>
<tr><td colspan="2">Anfangs-
termin</td><td colspan="3">Endtermin</td><td colspan="3">Aufwand [PT]</td><td colspan="3">Kosten (ohne
Ress.-Kosten)</td></tr>
<tr><td>PLAN</td><td>IST</td><td>PLAN</td><td>IST</td><td>VOR.*</td><td>PLAN</td><td>IST</td><td>REST</td><td>PLAN</td><td>IST</td><td>REST</td></tr>
<tr><td></td><td></td><td></td><td></td><td></td><td></td><td></td><td></td><td></td><td></td><td></td></tr>
<tr><td colspan="2">AP-Nr.</td><td colspan="6">AP-Bezeichnung</td><td colspan="3">Status AP
o im Plan
o nicht im Plan</td></tr>
<tr><td colspan="2">Anfangs-
termin</td><td colspan="3">Endtermin</td><td colspan="3">Aufwand [PT]</td><td colspan="3">Kosten (ohne
Ress.-Kosten)</td></tr>
<tr><td>PLAN</td><td>IST</td><td>PLAN</td><td>IST</td><td>VOR.*</td><td>PLAN</td><td>IST</td><td>REST</td><td>PLAN</td><td>IST</td><td>REST</td></tr>
<tr><td></td><td></td><td></td><td></td><td></td><td></td><td></td><td></td><td></td><td></td><td></td></tr>
</table>

<table>
<tr><th colspan="11">Ist-Daten</th></tr>
<tr><td colspan="2">AP-Nr.</td><td colspan="6">AP-Bezeichnung</td><td colspan="3">Status AP
o im Plan
o nicht im Plan</td></tr>
<tr><td colspan="2">Anfangs-
termin</td><td colspan="3">Endtermin</td><td colspan="3">Aufwand [PT]</td><td colspan="3">Kosten (ohne
Ress.-Kosten)</td></tr>
<tr><td>PLAN</td><td>IST</td><td>PLAN</td><td>IST</td><td>VOR.*</td><td>PLAN</td><td>IST</td><td>REST</td><td>PLAN</td><td>IST</td><td>REST</td></tr>
<tr><td></td><td></td><td></td><td></td><td></td><td></td><td></td><td></td><td></td><td></td><td></td></tr>
</table>

* voraussichtlicher Endtermin Ihrer Arbeiten an diesem Arbeitspaket

Analyse der Ist-Daten

Die Erfassung der Ist-Daten ist der erste Schritt. Um diese sinnvoll interpretieren zu können, müssen sie im zweiten Schritt genauer untersucht werden. Ziel ist es, herauszufinden, wie das Projekt im Vergleich zum ursprünglichen Plan weiterverlaufen wird und welche Auswirkungen die derzeitige Situation hat.

Controllingmöglichkeiten

Zu diesem Zweck gibt es verschiedene Controllingmethoden. Die wichtigsten sollen in den nächsten Kapiteln kurz vorgestellt werden.

Soll-Ist-Vergleich

Der Soll-Ist-Vergleich ist mit Sicherheit das bekannteste und am weitesten verbreitete Instrument des Projektcontrollings. Ziel ist es, durch die Gegenüberstellung von ursprünglicher Planung (= Soll) und momentaner Situation (= Ist) Abweichungen transparent zu machen und deren Auswirkungen auf den weiteren Projektverlauf abzuschätzen.

Der Soll-Ist-Vergleich kann für alle Steuerungsparameter (Termine, Aufwand, Kosten) gemacht werden. Zur Visualisierung nutzt man am besten die entsprechenden Planungsinstrumente, also z.B. Balkenplan, Belastungsdiagramm oder Kosten-Summen-Linie.

Stichtag

Allen Darstellungsformen ist gemeinsam, dass unbedingt eine Linie eingezeichnet sein muss, die den Stichtag kennzeichnet, auf den sich die Ist-Daten beziehen. Nur dadurch lässt sich erkennen, welche der Angaben sich auf die Vergangenheit und welche sich auf die Zukunft beziehen.

Wichtig für alle Darstellungen ist, dass die zukunftsbezogenen Ist-Daten ganz genauso in die Planung eingearbeitet werden müssen, wie dies mit den Plandaten der Erstplanung der Fall war. So wird also z.B. der Netzplan mit den aktualisierten Schätzungen der Arbeitspaketdauern und dem Stichtag als frühestmöglichem Startzeitpunkt neu berechnet.

Heraus kommt eine aktualisierte Planung, die Ist-Daten enthält – und damit eine höhere Planungsqualität besitzen sollte als die Erstplanung, bei der ja noch kein Teil des Projekts realisiert war.

Meilenstein-Trend-Analyse

Die Meilenstein-Trend-Analyse (MTA) ist ein sehr einfaches und übersichtliches Instrument zur Darstellung des Projektstatus. Voraussetzung für die Anwendung der MTA ist ein realistischer Terminplan in Form von richtig definierten Meilensteinen.

Die MTA wird während der gesamten Projektdauer in einer einzigen Grafik fortgeschrieben. Diese besteht im Wesentlichen aus einem Dreieck, auf dessen Vertikalen die MS-Plantermine zu den jeweiligen Berichtszeitpunkten in der Horizontalen eingetragen werden. Das bedeutet, dass z.B. alle zwei oder vier Wochen die MS-Verantwortlichen um eine Aussage gebeten werden, wann ihr Meilenstein vollständig erreicht sein wird. Dieser Termin wird entsprechend eingetragen. Erfolgt eine Änderung des Plantermins (oder der MS-Ergebnisse), muss dies dokumentiert werden. Auf diese Art und Weise entsteht praktisch „automatisch“ eine Dokumentation der wichtigsten Planänderungen und deren Gründe im Projektverlauf.

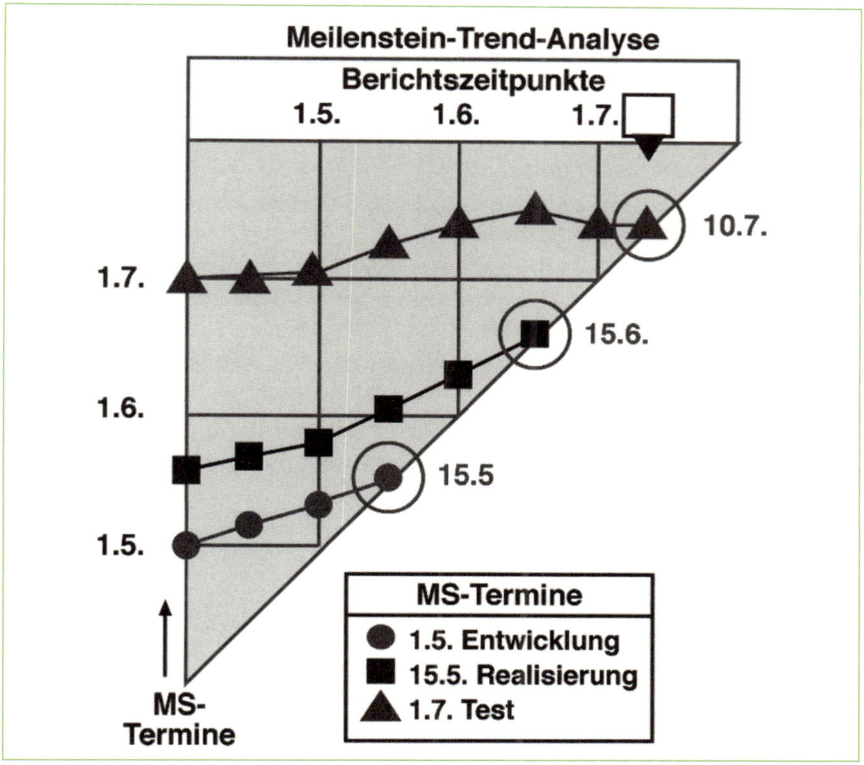

Abb. 14: Meilenstein-Trend-Analyse

So entsteht nach und nach eine Kurve für jeden Meilenstein, an dem sich der Trend des Projekts ablesen lässt:

- **Kurve nach oben** → Terminverzug
- **Kurve horizontal** → Projekt im Plan
- **Kurve nach unten** → frühere Fertigstellung als geplant

Vorteile

Die Vorteile der Meilenstein-Trend-Analyse auf einen Blick:

- **Die einfache Erstellung der MTA erfordert nicht unbedingt Softwareunterstützung.**
- **Sie zeigt klar und deutlich Trends an – und ist damit ein zukunftsbezogenes Instrument.**
- **Durch die einfache Interpretation ist die MTA auch für Präsentationen des Projektstatus oder als wesentliches Berichtsmedium geeignet.**
- **Die drastische Darstellung motiviert das Projektteam frühzeitig zu Korrekturen.**
- **Die Verantwortlichen werden periodisch mit der gesamten Projektplanung konfrontiert – dies fördert gesamtheitliches Denken.**

Maßnahmendefinition

Diese Steuerungsmaßnahmen sind grundsätzlich möglich

Werden bei der Auswertung der Ist-Daten durch obige Instrumentarien mögliche Probleme bei der weiteren Projektabwicklung bzgl. Kosten, Aufwand, Terminen oder Produktqualität erkannt, müssen Gegenmaßnahmen getroffen werden.

Maßnahmen bei Terminverzug

Folgende Maßnahmen zur Projektsteuerung bei drohendem Terminverzug sind möglich:

- **Verkürzung von Dauern terminbestimmender Vorgänge durch**
  - **Erhöhung der verfügbaren Kapazität (Überstunden, Fremdvergabe, Änderung von Prioritäten usw.)**
  - **höhere Effizienz (externer Spezialist, Schulung, ...) bei Abwicklung der Aktivitäten**

   - Verminderung des Leistungsumfangs von Aufgaben oder des gesamten Projekts (womit sich der Aufwand und damit bei gleich bleibendem Personaleinsatz die Vorgangsdauer reduziert)
- Änderung der Reihenfolge durch Überlappung oder Parallelisierung bislang sequenzieller Arbeitspakete (Kapazitäten beachten!). Dies kann z.B. durch negative Zeitabstände im Netzplan erfolgen.
- Verschieben von Terminen, notfalls des Projektendtermins

Aufwands- oder Kostenüberschreitung

Bei einer drohenden Aufwands- oder Kostenüberschreitung verbleiben als mögliche Steuerungsmaßnahmen nur die

- höhere Effizienz bei der Auftragsabwicklung oder die
- Verminderung des Leistungsumfangs (z.B. in Form eines Release-Konzepts, bei dem die volle Funktionalität erst in späteren Ausbaustufen erreicht wird)

So lassen sich Steuerungsmaßnahmen beurteilen

Wesentlich für die Beurteilung von Steuerungsmaßnahmen sind zwei Faktoren:

- **Kosten**
  Was kostet eine bestimmte Maßnahme an Zeit, Geld und Aufwand?
- **Wirkung**
  Welche Auswirkungen hat eine Maßnahme auf Termine, Budget oder Produktqualität?

Um die richtige Maßnahme aus allen möglichen auszuwählen, müssen diese beiden Faktoren gegeneinander abgewogen werden. Ein Patentrezept dafür gibt es aber leider nicht!

Berichtswesen im Projekt sorgt für Transparenz bei Entscheidern

Das Berichtswesen ist ein Kernprozess, der die Grundlage für die Projektsteuerung darstellt, indem er die zeitnahe Erfassung der Ist-Daten erst ermöglicht. Ein weiterer wichtiger Erfolgsfaktor für die Projektabwicklung ist die regelmäßige und effiziente Kommunikation zwischen Projektleiter und Entscheidern/Auftraggeber. Vor allem im betrieblichen Umfeld, in dem normalerweise mehrere Projekte parallel abgearbeitet werden, ist es deswegen notwendig, die für die Entscheidungsfindung notwendigen Informationen einheitlich und übersichtlich aufzubereiten.

Das dazu am besten geeignete Instrument ist der Projektstatusbericht. Er wird entweder regelmäßig (periodischer Bericht) oder ereignisorientiert (beim Erreichen eines Meilensteins) oder bei einem Problem, zu dessen Lösung eine Entscheidung notwendig ist, erstellt.

Formular Projektstatusbericht

Projektstatusbericht				
Projekt-Nr.:	**Projektbezeichnung:**			**Projektleiter:**
Stand-Datum Projekt:	**Anlass des Statusberichts:** ❑ gravierendes Problem ❑ Meilenstein erreicht ❑ periodischer Bericht			**erstellt am:** .... **erstellt von:** .... **Kopie an:** ....
Projektstatus:	**Qualität**	**Projekt-endtermin**	**Gesamt-aufwand**	**Gesamt-kosten**
Änderung nötig – **rot**	❑	❑	❑	❑
gefährdet – **gelb**	❑	❑	❑	❑
in Ordnung – **grün**	❑	❑	❑	❑

Projektstatusbericht				
Soll-Ist-Vergleich:	**Projekt-starttermin**	**Projekt-endtermin**	**Gesamt-aufwand**	**Gesamt-kosten**
Soll				
Ist				
erwartet				
vorauss. ± Abweichung				
Meilenstein-termine:	**Soll**	**Ist**	**erwartet**	**Status** (rot/ gelb/grün)
Probleme (evtl. Beiblatt verwenden):				
Entscheidungen (evtl. Beiblatt verwenden):				
Weiteres Vorgehen:				

Aktion	Verantwortlicher	zu erledigen bis

.... Datum/Unterschrift Projektleiter	.... Datum/Unterschrift Auftraggeber

Integriertes Änderungsmanagement

Das integrierte Änderungsmanagement ist ein Kernprozess der Projektsteuerung.

Die Aufgaben des integrierten Änderungsmanagements

Aufgabe des integrierten Änderungsmanagements ist die Steuerung der Änderungen, die im Projektverlauf auftreten. Es befasst sich

- **mit der Beeinflussung der Faktoren, die Änderungen verursachen, um sicherzustellen, dass diese Änderungen von Vorteil sind**
- **mit dem Feststellen erfolgter Veränderungen und**
- **dem Umgang mit tatsächlichen Veränderungen, falls und wenn sie auftreten (PMBOK)**

Änderungen im Projekt werfen Probleme auf, da sie

- **zu Terminverzug sowie**
- **zu Kostensteigerungen führen können und**
- **negativ auf die Qualität wirken können**

Änderungen sind nie völlig zu vermeiden; eine umsichtige Projektvorbereitung und -planung kann den Änderungsumfang nur vermindern. Häufig werden Änderungen aber notwendig, um neuen Marktanforderungen oder neuen technischen Möglichkeiten gerecht werden zu können oder wegen Gesetzesänderungen. Änderungen sind somit als Chance zu begreifen, da sie in der Regel zu einer Verbesserung des Projektgegenstands führen.

Der Ablauf einer Änderung

1. **Beantragung der Änderung**
   Im formellen Antrag sind der Anlass, die erwarteten Auswirkungen auf Termine, Kosten, Qualität sowie auf andere Teile des Projekts anzugeben.

2. **Ermittlung der Auswirkungen und Klassifizierung**
   Das Steuerungsgremium bewertet die geplanten Änderungen hinsichtlich ihrer Auswirkungen und Dringlichkeit.
3. **Genehmigung**
   Auf der Grundlage der Bewertung wird der Änderungsantrag genehmigt, abgelehnt oder bei gravierenden Änderungen wichtige Stakeholder hinzugezogen. Die Entscheidung wird protokolliert.
4. **Anweisung der Änderung**
   Die Genehmigung geht dem Projektleiter und betroffenen Bereichen zu.
5. **Durchführung der Änderung**
6. **Dokumentation der Änderung**

Qualitätslenkung

Als unterstützender Prozess wird die Qualitätslenkung während der gesamten Projektsteuerung durchgeführt. Qualitätslenkung ist die Überwachung der Projektergebnisse um festzustellen, ob die postulierten Standards eingehalten werden und herauszufinden, wie die Ursachen unzureichender Ergebnisse beseitigt werden können.

Methoden der Qualitätslenkung (PMBOK)

- **Prüfung**
  Prüfung der Ergebnisse auf Übereinstimmung mit den Anforderungen
- **Qualitätsregelkarten**
  grafische Darstellung der Prozessergebnisse im Zeitablauf, um festzustellen, ob der Prozess auf dem geplanten Pfad verläuft, „unter Kontrolle“ ist, d.h., sind die Abweichungen zufällig oder systematisch, was die Identifikation und Beseitigung der Ursache erfordert
- **Paretodiagramme**
  Histogramm, das Abweichungen nach der Häufigkeit der Ursache ordnet. Dient der Lenkung der Korrekturmaßnahmen, indem das Augenmerk auf die Ursachen gelenkt wird, die die häufigsten Fehler nach sich ziehen.

- **statistische Stichprobenüberprüfungen**
  helfen, die Kosten für die Qualitätslenkung zu senken
- **Ablaufpläne**
  tragen zur Analyse der Entstehung von Problemen bei
- **Trendanalyse**
  siehe Meilenstein-Trend-Analyse

Risikoverfolgung

Die Risikoverfolgung ist die Voraussetzung, um im Laufe des Projekts auf Risikoereignisse reagieren zu können. Die in der Risikoanalyse erfassten Risiken müssen beim Eintritt erkannt werden, damit ihnen mit den erarbeiteten Maßnahmen schnell entgegengetreten werden kann. Daneben werden im Rahmen der Risikoverfolgung zuvor nicht erkannte Risikoquellen aufgedeckt.

Methoden der Risikoverfolgung (PMBOK)

- **Ausweichmaßnahmen**
  ungeplante, zuvor nicht festgelegte Reaktionen auf negative Risikoereignisse
- **Entwicklung zusätzlicher Maßnahmen zur Risikobewältigung**
  Wurde das Risikoereignis nicht vorhergesehen oder sind die Auswirkungen größer als erwartet, ist die zuvor geplante Reaktion möglicherweise nicht mehr angemessen. Dann ist die Entwicklung zusätzlicher Maßnahmen erforderlich.

Ihr erfolgreicher Projektabschluss

Offizieller Schlusspunkt

Ein Projekt ist abgeschlossen, wenn das Projektziel erreicht ist. Ohne ein klar definiertes Projektziel ist es also schwierig, ein Projekt ordentlich abzuschließen! In Sonderfällen enden Projekte auch durch Abbruch. Auch dann ist ein systematischer Projektabschluss wichtig!

Der Projektabschluss ist der offizielle Schlusspunkt eines Projekts. Danach fallen keine Aufwände für die Erreichung des Projektziels mehr an.

Ein geordneter Projektabschluss - der offizielle Schlusspunkt

Der geordnete Projektabschluss dient verschiedenen Zielen:

- Überleitung des während des Projekts entstandenen Produkts in die Betreuungsphase. Dazu müssen Fragen wie z.B. „Was geschieht mit nachträglichen Reklamationen?“, „Wie wird die Weiterentwicklung gehandhabt?“, „Wer ist nach Projektende für das Produkt zuständig?“ geklärt sein.
- Der Projektabschluss ist das offizielle Projektende. Die Projektorganisation wird aufgelöst, die Beteiligten übernehmen neue Aufgaben – entweder in einem anderen Projekt oder in der Linie.
- Künftige Projekte werden nur dann besser laufen, wenn aus den Fehlern des abgeschlossenen Projekts gelernt wird. Außerdem hilft die Erfahrungssicherung, die Basis für künftige Aufwandsschätzungen zu verbessern.
- Während der oft hektischen und stressigen Abwicklung von Projekten entstehen häufig latente Konflikte zwischen Projektbeteiligten. Der Projektabschluss ist der späteste Zeitpunkt, um diese evtl. entstandenen Differenzen wieder zu „kitten“!

So sollte Ihre Projektabschlusssitzung ablaufen

Folgende Themen werden sinnvollerweise in einer Projektabschlusssitzung angesprochen:

1. **Rückschau**
   - Was war gut?
   - Was war weniger gut?
   - Welche Ziele wurden erreicht/nicht erreicht?
2. **Anerkennung und Kritik**
3. **Erfahrungssicherung für künftige Projekte**
   - Was kann aus dem Projektverlauf gelernt werden?
   - Welche Maßnahmen werden konkret getroffen, um Fehler nicht zu wiederholen?
4. **Überführung der Projektteammitglieder in neue Aufgabengebiete**
5. **Information über den Projektabschluss**
   - Wer bekommt den Abschlussbericht?
   - Wer wird nur kurz über den Projektabschluss informiert?
6. **Abschlussfeier**

Das ist Ihr Projektabschlussbericht

Folgende Inhalte gehören zu einem Projektabschlussbericht:

- Projektauftrag/Projektziel
- Planungsunterlagen vor Projektfreigabe
- Ist-Unterlagen bei Projektende
- Abschlussanalyse: Gegenüberstellung von ursprünglichen und im Projektverlauf aktualisierten Plangrößen mit den Ergebnissen bei Projektende bzgl.
  - Terminen, Aufwand, Kosten
  - inhaltlicher Zielerreichung
- Ansprechpartner zur weiteren Betreuung des Projekts
- Dank an alle Beteiligten für deren Mitwirkung am Projekt

Formular Projekt-Kurzabschlussbericht

<table>
<tr><th colspan="5">Projekt-Kurzabschlussbericht</th></tr>
<tr><td>Projekt-Nr.:</td><td colspan="3">Projektbezeichnung:</td><td>Projektleiter:</td></tr>
<tr><td>Erstellt am:</td><td colspan="3">Kopie an:</td><td>erstellt von:</td></tr>
<tr><td colspan="4">Wurden die im Projektauftrag bzw. in der letzten genehmigten Änderung vereinbarten Ziele/Ergebnisse erbracht?</td><td>ja/nein</td></tr>
<tr><td colspan="5">Abweichungen zum Projektauftrag:</td></tr>
<tr><td colspan="5"></td></tr>
<tr><td>Soll-Ist-Vergleich:</td><td>Projekt-starttermin</td><td>Projekt-endtermin</td><td>Gesamt-aufwand</td><td>Gesamt-kosten</td></tr>
<tr><td>Soll</td><td></td><td></td><td></td><td></td></tr>
<tr><td>Ist</td><td></td><td></td><td></td><td></td></tr>
<tr><td>± Abweichung</td><td></td><td></td><td></td><td></td></tr>
<tr><td colspan="5">Gravierende Probleme im Projektverlauf (fachl., methodisch, Projektbeteiligte usw.)</td></tr>
<tr><td colspan="5"></td></tr>
<tr><td colspan="2">Weitere Betreuung des Projektergebnisses:</td><td colspan="3">Ort, an dem die Projektdokumentation aufbewahrt wird:</td></tr>
<tr><td colspan="2"></td><td colspan="3"></td></tr>
<tr><td colspan="5">Empfohlene weitere Schritte:</td></tr>
<tr><td colspan="3">Aktion</td><td>Verantwortlicher</td><td>zu erledigen bis</td></tr>
<tr><td colspan="3"></td><td></td><td></td></tr>
<tr><td colspan="3"></td><td></td><td></td></tr>
<tr><td colspan="3"></td><td></td><td></td></tr>
<tr><td colspan="3">..
Datum/Unterschrift Projektleiter</td><td colspan="2">..
Datum/Unterschrift Auftraggeber</td></tr>
<tr><td colspan="5">Anlagen: Projektauftrag/freigegebene und letzte Projektplanung/Übergabeprotokoll</td></tr>
</table>

Autorin

Gerda Süß ist Geschäftsführerin von MoveYourMind, einer Unternehmensberatung mit dem Spezialgebiet Projektmanagement. Sie ist auch persönlich als Coach für Führungskräfte in verschiedenen Branchen und unterschiedlichen Firmen im Einsatz.

Weitere Informationen erhalten Sie unter www.moveyourmind.com. Für persönliche Anfragen steht sie Ihnen gern unter gerda.suess@moveyourmind.com zur Verfügung.